A TRAVERS LA VIE

ESQUISSE

DE LA VIE MORALE ET SOCIALE

CHAMBÉRY

ANDRÉ PERRIN

LIBRAIRE - ÉDITEUR

6, Rue des Portiques

1887

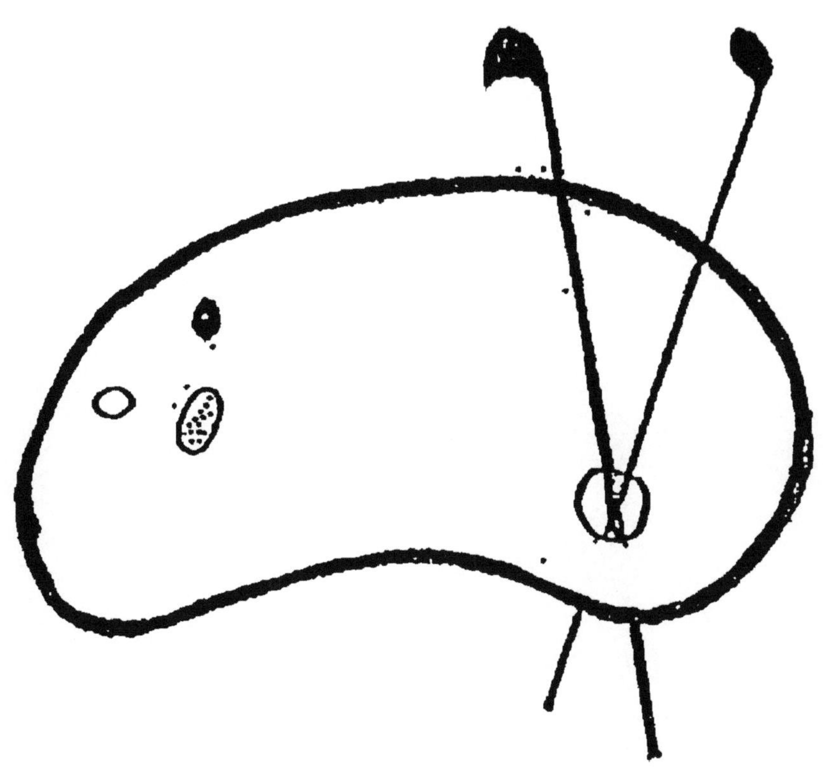

FIN D'UNE SERIE DE DOCUMENTS
EN COULEUR

G. M. A. C.

A TRAVERS LA VIE

ESQUISSE

DE LA VIE MORALE ET SOCIALE

CHAMBÉRY

ANDRÉ PERRIN

LIBRAIRE - ÉDITEUR

6, Rue des Portiques

1887

CHAMBÉRY

IMPRIMERIE DRIVET ET GINET

Place Saint-Léger, 51

Juin 1884.

I.

Cher ami,

Les détails que vous voulez bien me donner sur les fêtes brillantes auxquelles vous venez d'assister sont fort intéressants; mais que dois-je le plus admirer, ou le talent de ceux qui avaient tout organisé avec tant d'habileté et de goût, ou votre art de si bien dépeindre ce que vous racontez? Votre tableau est charmant, saisissant; rien n'y manque, et je juge, en l'ayant sous les yeux, quel a été le succès de ces fêtes.

Pour vous, cependant, loin de vous y plaire, vous y avez puisé le sujet de mélancoliques réflexions sur l'inconstance et la légèreté des hommes qui se conduisent, presque en tout, comme de véritables enfants.

Des fêtes, toujours des fêtes! à propos de tout et à propos de rien, même à propos d'un malheur public; cela vous étonne profondément. On croirait, me dites-vous, que l'homme n'a plus autre chose à faire que s'amuser et s'amuser sans relâche, que ce qui avait toujours été regardé comme un délassement, un repos, doit être sa principale occupation; on croirait que, le plus souvent, la douleur des uns doit être la joie ou doit servir à la joie des autres...

Eh bien! cher ami, si, malgré notre vieille amitié, nous ne sommes pas toujours d'accord en certaines questions, je suis heureux de vous voir penser comme moi sur ce point. Oui, moi également, j'ai de la peine à comprendre la vie telle que la plupart des hommes la conçoivent actuellement.

Pour le plus grand nombre, manger, boire, dormir, tant qu'il convient, travailler le moins possible et, en revanche, se livrer à tous les plaisirs, donner entière satisfaction à ses caprices et à ses passions, paraît être l'unique but de l'existence.

J'avoue, car je ne voudrais pas me faire meilleur ni plus sage que je ne suis, j'avoue que dans les premières années de ma jeunesse j'avais quelques idées de ce genre, et estimais qu'il n'y avait rien de plus légitime que de songer à se divertir. Il me semblait que si les hommes étaient, suivant leur condition, dans la nécessité de travailler pour vivre, il leur était permis et pour ainsi dire commandé par la nature de rechercher toutes les commodités et les jouissances de la vie.

Mais, depuis longtemps, je suis revenu de ces principes, si cela peut s'appeler principes, ayant senti le vide au fond de tous les plaisirs du monde avec les tristesses et les douleurs qui suivent bien souvent. La raison, comme le cœur, m'a démontré, me démontre chaque jour, que ce n'est pas à cette fin que nous avons été créés.

Créés! pardon! puis-je bien me servir de ce mot, car quelques-uns en contestent la vérité et la signification et voudraient, en quelque sorte, l'effacer du dictionnaire, prétendant que l'homme n'est point une créature tirant son origine d'un Etre supérieur?

C'est là une grave question, n'est-ce pas, cher ami, à la solution de laquelle, ce me semble, nous sommes tous fort intéressés. Qu'en pensez-vous? Sommes-nous bien des êtres créés, c'est-à-dire devons-nous l'existence à un autre Etre au-dessus de nous, tout puissant? ou sommes-nous le produit d'un hasard aveugle, d'un accident sans cause, le résultat de la combinaison plus ou moins heureuse de molécules qui se sont rencontrées sans se chercher? Sommes-nous un assemblage d'atomes crochus, ou encore la transformation d'êtres primitifs, ainsi que l'ont affirmé des philosophes?...

Vous riez, j'en suis certain, en lisant ces... extravagances, et vous vous demandez comment des hommes, se disant raisonnables, ont pu imaginer semblables sottises ? Vous riez à la pensée de ces myriades de corps microscopiques tourbillonnant dans l'espace et, au milieu de leur danse effrénée, s'accrochant les uns les autres avec un merveilleux à-propos pour faire ce que nous sommes, sans même avoir reçu aucun mouvement d'un être quelconque, car le moindre mouvement reçu indiquerait une puissance supérieure. Vous riez à la pensée de ces ours ou de ces singes qui, à force d'être léchés par leurs parents, sont devenus nos propres parents à nous.

Assurément les auteurs de ces systèmes n'ont pas songé sérieusement à notre admirable organisation si délicate et si parfaite; ils n'ont pas songé à ce corps humain si bien ordonné, si gracieux même, qui se forme peu à peu et se développe durant des années dans de constantes proportions; ils ont oublié ces organes si variés, si complexes et si finis de la vue, de l'ouïe... qui nous mettent en rapport avec le monde extérieur et servent à nous continuer la vie; ils ont tout oublié !

Ne sachant, du reste, d'où elles sont sorties, ils seraient fort en peine d'établir comment les mille et mille parties dont se composent nos bras, nos jambes, nos pieds, etc., se sont unies et combinées entre elles d'une manière si bien réglée et ne cessent de le faire. Ils ne seraient pas moins embarrassés pour expliquer comment, par leur réunion, ces atomes matériels ont trouvé le pouvoir de penser, de sentir, ou comment ils ont pu s'adjoindre à une substance non palpable, invisible, qui pense, sent, aime, souffre.

En vérité, les pauvres fous, enfermés dans nos maisons d'aliénés, qui s'entêtent à soutenir que le cercle est carré, ou que nous sommes faits pour marcher sur les mains, ne me paraissent pas plus insensés que ces prétendus philosophes s'obstinant à répéter que l'homme provient de l'agrégation fortuite de corpuscules semés dans l'espace, ou d'une souris ou d'un singe.

Moi, venir d'un singe, je n'en serais guère flatté ! ni vous non plus, j'en suis convaincu. Dans tous les cas, je serais curieux de connaître (ce qui n'a pas encore été précisé que je sache) à quelle époque et de quelle manière cette métamorphose s'est réalisée, pourquoi et quand elle a pris fin, sans plus se renouveler à la face du monde.

A-t-on jamais vu d'effet sans cause, d'œuvre sans auteur, ou d'édifice sans architecte ? Qui avancera, par exemple, qu'une montre, si imparfaite qu'elle soit, ait pu se former d'elle-même, que les rouages nécessaires à son mécanisme se sont assemblés *proprio motu*, dans l'ordre convenable ? Nul n'oserait ; et le plus savant, comme le plus ignorant, affirmera, sans hésiter, qu'elle est sortie des mains d'un horloger, et que cet horloger avait une certaine intelligence pour rapprocher les différentes parties de cette montre comme il l'a fait.

Ce que l'on n'admet pas pour un objet vulgaire, est-il possible de le supposer pour un être aussi merveilleusement constitué que l'homme, à moins d'avoir l'esprit malade ? Est-il possible de croire, est-il raisonnable de prétendre que l'homme est sorti spontanément du néant, qu'il ne doit l'existence à nul autre que lui ? N'étant pas, quelle puissance avait-il pour se donner l'être, alors que vivant il ne peut rien tirer de rien ? Actuellement, sans doute, il se reproduit et semble renaître de lui-même, de génération en génération ; mais si cela n'est pas une des moindres merveilles de son organisation et accuse mieux la grandeur de l'intelligence qui a présidé à sa formation, il en est, lui, absolument inconscient, et sa propre intelligence n'y a aucune part. Aussi, bon gré mal gré, en dépit des hypothèses les plus subtiles, remontant de degrés en degrés, faut-il aboutir à un premier principe, à un premier Etre tout puissant qui a créé le type d'où nous sommes tous issus ensuite, premier Etre que les uns ont appelé Jehovah, d'autres le Manitou, le Grand-Esprit... et que nous, nous appelons Dieu.

L'organisation physique de l'homme suffirait, il me semble, par les prodiges qu'elle nous offre, à démontrer l'intervention d'un Créateur suprême ; mais ce qui, à mon avis, fait mieux apparaître encore cette puissance créatrice, c'est ce ressort insaisissable qui anime l'homme, le fait agir; cette faculté qu'il a de penser, de sentir, de vouloir, d'aimer, et qui constitue l'âme; car, quoi de plus étonnant? et comment expliquer, si ce n'est par le fait d'un pouvoir *formateur*, si je puis employer ce néologisme, la présence de cet être invisible intimement uni à notre corps?

Quelques-uns, je le sais bien, ceux qui n'admettent pas que l'homme ait été créé, nient l'existence de l'âme et ne veulent reconnaître en nous que ce qu'ils voient de leurs propres yeux, attribuant à la matière, au sang, aux muscles, aux nerfs, tout ce que nous éprouvons intérieurement. Mais si je réfléchis à ce qui se passe dans mon être, je ne puis comprendre une pareille confusion :

D'après la science, les divers éléments de mon corps se renouvellent tous les sept ou huit ans; d'autre part, la nourriture que je suis forcé de prendre chaque jour pour me soutenir, me prouve que j'ai besoin, en effet, de remplacer fréquemment les molécules de mes organes qui se dissolvent, et que la transpiration ou la respiration chassent au dehors. Cependant, je me rends compte qu'en moi ce qui pense, sent, aime, veut, n'a pas changé depuis que je vis, car j'ai gardé et je garde les impressions de mon jeune âge, j'ai conservé la mémoire de ce que j'ai vu et appris. Si je n'étais formé que d'une substance matérielle, si mes souvenirs, mes pensées, mes sentiments étaient inhérents à cette substance, incrustés dans les lobes de mon cerveau, ainsi que le content certains savants, ils devraient disparaître tandis que s'opère le changement des molécules de ces mêmes lobes, et après plusieurs années je n'aurais plus aucune idée du passé. Loin de là! Non seulement je me rappelle tous les jours des faits accomplis il y a quinze ou vingt ans, mais, après avoir perdu complètement de vue certains objets, après les avoir négligés pendant de longues périodes, le souvenir m'en revient quelquefois très net et très clair, à la moindre circonstance.

Cela ne prouve-t-il pas de toute évidence que nous ne sommes pas composés uniquement d'un corps, mais que nous avons au dedans de nous une autre substance fort différente, et quant à sa nature, et quant à ses attributs : une, invisible, impalpable, immatérielle, en même temps qu'immuable, et qui pense, aime, juge, veut; une âme, pour redire son nom?

Comment cela se fait-il, comment l'union de ces deux substances si contraires peut-elle se réaliser ? Nous l'ignorons, nous ne pouvons le comprendre; mais de ce que nous ne pouvons le comprendre, il ne s'ensuit pas que cela ne soit pas. Quoi qu'en ait dit Rousseau, que de choses en ce monde que nous sommes obligés de croire parce qu'elles nous frappent la vue, tout en restant un mystère pour nous! Nous voyons bien, en effet, un grain de blé, jeté en terre, y germer, pousser, produire une tige, puis un épi, avec une foule d'autres grains semblables à lui; nous ne pouvons concevoir comment s'opèrent ces différentes transformations, et néanmoins il nous est impossible de les nier. L'union de l'âme et du corps n'est pas plus incompréhensible pour nous. Elle nous contraint seulement de reconnaître l'infinie puissance de Celui qui nous a créés, et combien ses œuvres sont admirables.

Mais, très cher ami, que je suis loin du point de départ de cette lettre! Voilà où conduit l'enchaînement des idées : A l'occasion de fêtes, j'en suis arrivé à vous parler de l'homme, de son origine, de sa création, de sa nature, de son corps, de son âme!

C'est bien sérieux!

Je voulais répondre à votre pensée touchant la façon dont les hommes, en général, apprécient la vie, et je vous disais : ce n'est pas, comme vous le sentez vous-même, pour nous adonner sans cesse au plaisir que nous avons été créés. Ce dernier mot m'a suscité de nombreuses idées; si bien que je n'ai pu encore achever ma proposition : pourquoi donc sommes-nous? Je n'ose le faire aujourd'hui, et je le renvoie à plus tard, car peut-être ai-je été un peu long et je ne voudrais pas abuser de votre patience. Je me reprocherais même d'être coupable de ce méfait si je ne savais pouvoir compter sur votre indulgence; mais je vous connais de vieille date : je sais que vous avez toutes les qualités d'un véritable ami, et qu'au surplus vous ne dédaignez pas les sujets graves qui élèvent l'âme, les préférant à des racontars plus ou moins malicieux, à ces niaiseries, à ces mille riens dont on se repaît aujourd'hui, sans profit pour l'intelligence, lorsque ce n'est pas à son détriment.

Toujours à vous de cœur.

Juillet 1884.

II.

Cher ami,

Notre pauvre H. n'est plus!

En quelques jours, je pourrais dire en quelques heures, il nous a été enlevé, lui, à la force de l'âge, si robuste, si bien constitué.

Cette mort nous a autant affectés que surpris.

Si H. avait ses travers (qui n'en a pas ou en qui n'en trouve-t-on pas?) il avait ses qualités, de grandes qualités, et ce n'est pas sans tristesse non plus que nous voyons disparaître ceux qui tenaient une place dans notre existence.

Mais ce qui me frappe encore dans cette fin et me donne à penser, c'est la mort elle-même, ce brusque arrêt de la vie, survenant à tout âge, dans les conditions les plus diverses.

Presque toujours ce spectacle ou cette vision de la

mort m'a saisi. N'y a-t-il pas là effectivement un grand mystère ou une grande leçon pour nous?

Voilà un homme, comme H., jeune, vigoureux, bien doué, riche, qui semble heureux, pour qui l'avenir est plein d'espérances... et qui est subitement arraché à ses parents, à ses amis, enlevé à ses travaux et à ses plaisirs. Cela ne doit-il pas nous faire songer et nous préoccuper?

Si la vie est aussi incertaine, aussi fugitive, que vaut-elle? Pourquoi nous a-t-elle été donnée? Sous une autre forme, c'est la même question dont je vous entretenais naguère, ou dont plutôt j'avais l'intention de m'entretenir avec vous, car, s'il vous en souvient, j'en suis resté là en terminant ma dernière lettre, ma causerie avec vous (entre amis une lettre n'a pas d'autre caractère) : Pourquoi Dieu a-t-il fait l'homme? Nous a-t-il créés sans but, par pur caprice, et n'avons-nous d'autre destinée que celle de passer plus ou moins d'années sur cette terre pour retomber ensuite dans le néant? N'avons-nous d'autre fin que d'accumuler ici-bas des richesses qu'il nous faut abandonner de gré ou de force à une heure venue, ou encore de procurer à nos sens les satisfactions qu'ils demandent jusqu'à ce qu'ils soient émoussés, usés, brisés par la mort?

Il me répugne de l'admettre pour plusieurs motifs. Vous les dirai-je, cher ami, quoique vous en sachiez beaucoup à cet égard?

D'abord, je pars de ce principe : l'homme, lui, ne fait rien sans but, à moins d'être inconscient et d'avoir perdu toute intelligence; personne ne le contestera; c'est l'expérience de tous les jours.

Si l'homme ne fait rien sans but, Dieu, qui est infiniment plus puissant et plus sage que l'homme, ne peut, à plus forte raison, rien faire sans s'être proposé une fin.

Dieu est infiniment plus sage et plus puissant, je l'affirme, parce que c'est de lui que découlent toutes choses, c'est lui qui a formé l'homme lui-même avec ses qualités physiques et morales; c'est lui qui a bâti ce magnifique édifice du corps humain où tout est coordonné avec un soin irréprochable, où nous rencontrons des organes aussi nombreux que variés, se reliant les uns aux autres pour faire un seul tout, bien que répondant chacun à un rôle distinct ; c'est lui, c'est Dieu qui nous a donné l'intelligence, la raison ou soit la lumière qui éclaire nos actes et nous permet de voir ce que nous faisons et pourquoi nous le faisons.

Pour que Dieu ait doté l'homme comme il l'a doté, pour qu'il lui ait accordé l'intelligence dont il l'a gratifié, il faut nécessairement qu'il ait été maître de ces dons et qu'il ait une intelligence supérieure, car on ne peut jamais donner que ce que l'on a, ni plus que ce que l'on possède, ni même tout ce que l'on a, à moins de se donner soi-même ; ce n'est pas à démontrer.

D'un autre côté, si je considère le monde, l'univers dans son ensemble, univers sorti lui aussi des mains de Dieu, comme tout me le prouve : l'harmonie qui y règne, le spectacle magnifique qu'il me présente, les milliers d'êtres qui le peuplent et qui, tous, sont si diversement et si habilement organisés en même temps que parfaitement appropriés pour les milieux dans lesquels ils vivent, les oiseaux pour les airs, les poissons pour les eaux, les autres animaux pour la terre... — Oui, tout me démontre clairement que notre univers a été conçu par une haute intelligence bien au-dessus de l'intelligence humaine, et qu'il ne saurait être le fait du hasard, parce que le hasard, simple cause accidentelle d'un caractère inconstant, ne peut produire que des effets isolés, sans connexité les uns avec les autres. — Mais je reviens à mon raisonnement.

Si donc je considère l'univers, je suis frappé de l'ordre qui gouverne toutes choses; je suis saisi de ces rapports qui les lient, de cet enchaînement où tout se trouve; je vois que même le plus petit objet se rattache à quelque autre, que rien n'a été fait sans un but précis et déterminé, qu'il n'est pas dans la plante, même la plus ordinaire, un organe qui n'ait été disposé pour concourir à la vie de cette plante, de même que les astres, dans leur mouvement si étonnant et si régulier, sont subordonnés les uns aux autres.

Dieu qui a mis tant d'exactitude dans ce qu'il a fait, tout calculé, mesuré avec une telle précision, qui a assigné à chaque chose une fin utile et qui, dans l'homme lui-même, sa créature par excellence sur la terre, a apporté tant d'attention pour que rien n'y soit en désaccord, peut-il avoir fait ce même homme sans un but sérieux ?

Non, mille fois non! Il est impossible de le supposer. Ce serait faire injure à sa sagesse et douter de notre propre raison.

Non, Dieu en nous créant s'est proposé une fin, et cette fin ne peut être que bonne, digne de lui, digne de son intelligence, de sa bonté, de ses perfections qui éclatent comme une lumière étincelante dans toutes ses œuvres. Cette fin ne peut être de nous laisser vivre quelques années pour nous rejeter ensuite dans le néant, car elle ne répondrait pas à ce que nous devons attendre d'un Dieu bienfaisant et généreux.

Et ici, cher ami, mon cœur parle encore plus que ma raison; je dis mon cœur, mais le vôtre, celui du monde entier, doit tenir le même langage.

Voyons, dites-moi, que désirez-vous par-dessus tout? N'est-ce pas d'être heureux, réellement, complètement heureux? Eh bien! ce bonheur sans trouble, sans bornes, sans réserve, l'avez-vous jamais atteint sur cette terre? Vous avez pu, par instant, en avoir l'illusion, mais, au moment où vous pensiez que ce beau rêve allait se réaliser, votre illusion ne s'est-elle pas évanouie? Dans ce bonheur que vous souhaitiez et espériez, n'avez-vous pas rencontré des imperfections, des peines même, des misères?

Ni la gloire, ni les succès que vous avez obtenus dans votre brillante carrière ne vous l'ont donnée cette félicité absolue, si recherchée; ni l'amitié, ni l'amour, quoique l'amour soit ce qui remplisse et dilate le plus le cœur; les douceurs que vous avez pu trouver là, ou vous les avez achetées par de rudes sacrifices, ou elles ont été de courte durée, ou troublées par les soucis, la crainte, les regrets, empoisonnées peut-être par l'envie et la calomnie, changées en amertume par la trahison, la mort.

Votre expérience, en outre, a dû vous montrer que tel est le sort commun; que beaucoup même semblent n'avoir d'autre lot que la souffrance, et qu'en toute vérité Lamenais, un jour, a pu s'écrier : « Que cherchez-vous dans le monde? Le bonheur? Il n'y est pas. Écoutez ce cri de détresse, cette plainte lamentable qui s'élève de tous les points de la terre et se prolonge de siècle en siècle. C'est la voix du monde... La douleur est le fond de la vie humaine : souffrances du corps, maladies de l'âme, inquiétudes, afflictions, péché, tel est l'accablant fardeau qu'il nous faut porter depuis notre naissance jusqu'à la tombe. »

Hélas! oui, cher ami, il en a toujours été ainsi et chacun de nous est en droit de redire avec Job : « L'homme né de la femme vit peu de jours et il est rassasié d'angoisses. »

Mais, si nous en sommes réduits à poursuivre sans cesse un bonheur, un bien qu'il nous est impossible de saisir près de nous, pourquoi cette soif que nous en avons? Serait-ce pour se jouer de nous, se rire de nos déceptions, que Dieu, notre créateur, nous aurait inspiré ce sentiment ? Serait-ce pour nous tourmenter à plaisir qu'il aurait façonné notre âme avec de telles aspirations qui ne sauraient jamais être satisfaites ? Nous ne pouvons le croire. Par tout ce qu'il a fait en nous et pour nous, Dieu, je le répète, nous a témoigné trop de bonté pour qu'il soit possible de supposer un mauvais vouloir quelconque de sa part.

Songez-y encore : Après nous avoir si admirablement formés, non-seulement il a pris soin de nous procurer les choses nécessaires à l'existence, comme pour les animaux auxquels il a assuré la nourriture de chaque jour, mais il a voulu charmer en quelque sorte notre vie par mille et mille agréments. Ces beautés de la nature qui se manifestent à nous, aussi bien dans les cieux étoilés que sur notre terre, et captivent notre admiration ; ces spectacles grandioses ou riants et enchanteurs qui, sur les divers points du globe, nous attirent et nous retiennent ; cette végétation puissante et féconde qui, avec ses arbres superbes, ses fruits succulents et ses fleurs de structure si délicate, de couleurs si riches, de parfums si suaves, en nous rendant de précieux services, offre à nos sens de douces jouissances ; l'extrême variété et la saveur exquise de nos aliments ; l'harmonie des sons qui nous ravit dans le chant mélodieux des oiseaux..., tout cela ne nous dit-il pas la sollicitude bienfaisante de Dieu à notre égard? car, tout cela, Dieu ne l'a fait que pour nous ; il ne l'a point fait pour des esprits célestes qui n'en ont nul besoin ; il ne l'a point fait pour les autres créatures terrestres qui n'en jouissent guère.

Non, notre cœur proteste avec notre raison, à cette pensée d'un Dieu qui ne nous aurait créés que pour nous rendre malheureux. Et si, tout en ne cessant de rechercher le vrai bonheur ici-bas, nous ne pouvons l'atteindre, c'est que ce bonheur n'y est pas ; il n'y est pas, et il me semble qu'il ne peut être que là où il y a tout bien ; or le bien complet et absolu je le vois en Dieu seul, puisque c'est de lui que sont nés tous les êtres, avec toutes leurs qualités, tout le bien qu'ils possèdent.

Qu'en conclure, si ce n'est que notre dernière fin, pour être véritablement heureux, est de parvenir à

Dieu lui-même, de nous unir à lui, à tout jamais, en une autre vie?

Mon raisonnement ne vous paraît-il pas juste et bien fondé, cher ami ?

A cela, permettez-moi d'ajouter un nouvel argument d'une grande valeur aussi à mes yeux, et aux vôtres également, j'en suis certain, parce que je sais votre sentiment profond de la justice et combien vous blesse tout ce qui ne vous paraît pas conforme à l'équité.

Je ne vous demanderai pas si vous avez remarqué l'inégalité dans la répartition des biens et des maux en ce monde. Que de fois vous vous êtes récrié à cet égard! Que de fois aussi vous avez protesté contre les succès et la prospérité des fripons, tandis que les plus honnêtes gens sont réduits à la misère, n'obtenant que le dédain pour récompense de leurs travaux et de leurs efforts, quand ils ne sont pas victimes d'odieuses persécutions! Que de fois vous vous êtes ému en voyant le vice l'emporter sur la vertu, le mensonge sur la vérité, l'hypocrisie et la calomnie triompher de la loyauté!

Eh bien! n'est-ce pas là un désordre qui demande réparation?

La conscience, la raison, le cœur nous l'affirment : il faut que le juste, l'homme de bien soit réhabilité et dédommagé, et que le méchant expie ses crimes ; il le faut, la justice l'exige, et puisqu'elle n'a pas satis-faction ici-bas, elle doit recevoir cette satisfaction dans une autre vie.

La justice l'exige, car la justice est, et elle a des droits imprescriptibles. Elle est si bien qu'au milieu de tous les bouleversements, de toutes les destructions que l'on peut remarquer dans le monde, son idée subsiste toujours et partout, et surnage comme une épave sur les flots de la mer. Son sentiment se rencontre même chez ceux qui peuvent en paraître le moins pénétrés :

« Même aux yeux de l'injuste un injuste est horrible, »

a dit le poète.

Ainsi que deux voleurs se partagent le fruit de leur larcin, si l'un, plus fort, veut se faire une part plus grande, son complice ne lui reproche-t-il pas de manquer à la justice à son égard ?

Cette idée subsiste comme celle du bien et du mal ; personne, en effet, qui ne sache distinguer ces deux principes radicalement opposés l'un à l'autre ! Per-sonne n'a jamais confondu le misérable qui porte une main homicide sur son père, pour s'approprier une fortune, trop lente à venir au gré de ses désirs, per-sonne ne l'a jamais confondu avec l'honnête ouvrier qui n'épargne ni son temps, ni sa peine, ne compte ni ses veilles, ni les gouttes de sueur découlant de son front, pour procurer à ses parents une vieillesse paisible.

De même, jamais, quelle que soit encore la facilité des mœurs du temps, nul n'a mis et ne mettra au même rang la mère de famille, dévouée, pieuse, soumise à ses devoirs, et la femme sans pudeur qui étale sa honte sur les places publiques.

La justice l'exige, car nous savons tous fermement que toute faute mérite châtiment, nous le savons aussi sûrement que nous croyons à notre existence ; et c'est là un sentiment trop général pour n'être pas vrai et certain.

Toutes ces raisons, cher ami : la bonté et la sagesse divines, — le désir inné que nous avons d'un bonheur inaltérable et éternel, — j'ajoute éternel parce que la crainte seule de voir arriver plus ou moins tôt le terme de ce bonheur en troublerait la sérénité, — la justice qui réclame une satisfaction qu'elle ne reçoit pas d'ordinaire sur la terre, sont de nature, il me semble, à prouver que notre destinée ne s'arrête pas ici-bas.

Je pourrais encore invoquer, à l'appui de ma thèse, les considérations tirées de l'essence même de notre âme, de son unité, de son indivisibilité, de son immatérialité, mais ce serait beaucoup de métaphysique, et tant de science ne me paraît pas nécessaire pour frapper plus vivement votre esprit.

Pour me résumer, cher ami, et pour le redire, de tout cela il est difficile de ne pas déduire que la vie doit être regardée, sous un autre aspect que celui sous lequel on l'envisage assez généralement. Il est difficile de ne pas reconnaître que nous ne devons pas l'estimer comme notre dernier bien, y arrêter toutes nos pensées, nos aspirations, comme à notre seule fin; il est difficile de ne pas y voir un simple acheminement vers une destinée meilleure.

Vous le savez, vous, et vous l'avez senti plus d'une fois dans ces heures d'ennui et de mélancolie où je vous ai vu et que rien ne pouvait dissiper.

Malgré vous, votre âme quittait en quelque sorte la terre et s'en allait cherchant un autre monde où elle pût trouver ce repos complet, cette paix immuable, cet apaisement nécessaire à ses besoins et à ses désirs qu'elle avait demandés vainement à ce qui vous entourait.

Si notre existence se terminait sur cette terre, que signifieraient encore ces tendresses que nous éprouvons pour nos parents, nos enfants, nos amis, et qui leur survivent?

La douleur que nous ressentons lorsqu'ils descendent au tombeau, ne serait-ce qu'un cruel tourment de plus que Dieu nous aurait ménagé pour nous torturer davantage? Il n'est pas permis de le penser, car si notre plus grand souci à nous, êtres imparfaits et souvent pleins de malice, est d'éviter toute peine, tout mal à nos enfants, il faut bien admettre que Dieu, notre père par excellence, ne veut pas nous faire souffrir pour l'unique plaisir de nous faire souffrir.

Voilà douze ans! J'avais un fils; il était tout jeune, né depuis peu; il était beau; ses traits étaient d'une régularité parfaite, ses yeux et toute sa physionomie annonçaient déjà l'intelligence unie à une grande douceur. Un terrible fléau me l'a ravi. Son agonie a été longue, et tandis qu'il se débattait contre la mort, je le tenais dans mes bras, dernière et triste consolation pour moi! J'ai vu en quelque sorte son âme arrachée de son corps. Ce souvenir m'est demeuré dans le cœur; mais, en me reportant à ces heures douloureuses, je ne puis me persuader que tout est fini là; que ce cher enfant a vu le jour accidentellement pour disparaître presque aussitôt dans le néant; non, je ne puis croire que mon petit Georges est perdu à tout jamais, qu'il ne reste plus rien de lui, que je l'ai aimé et que je l'aime encore sans raison, que je me suis attaché à une ombre, à une nuée qu'un souffle de vent dissipe comme il la forme.

Non, il doit m'attendre dans un autre monde avec celui qui, vers la même époque aussi, m'a quitté après m'avoir préparé mon chemin sur cette terre et dont j'ai toujours les traits aimés devant les yeux.

Allons! cher ami, je ne m'arrêterai pas de causer avec

vous. Si je suis peu parleur d'ordinaire, je me dédom-
mage bien parfois, surtout quand la sympathie que
l'on me témoigne et qui répond à la mienne m'encou-
rage à ouvrir mon cœur tout entier. Qu'il est doux,
en effet, de pouvoir se livrer avec confiance! d'autant
plus doux que cela est plus rare !

Malgré cette jouissance que je rencontre près de vous,
il faut, pour aujourd'hui, clore ma lettre ; j'y suis contraint. Je ne le ferai pas cependant ayant de vous avoir
serré bien affectueusement la main.

III.

Vous êtes vraiment bien aimable, cher ami, de ne pas m'oublier au milieu de vos nombreuses occupations encore accrues par les préparatifs du long voyage que vous allez entreprendre !

C'est là, pour moi, une nouvelle preuve de la sincérité et de la constance de votre affection. J'en suis touché plus que je ne saurais le dire. Puissé-je toujours vous paraître digne de votre bienveillante estime !

Mes considérations sur la vie, sur notre destinée ou sur la fin que Dieu s'est proposée en nous créant, ne vous ont pas laissé indifférent, m'assurez-vous, car plus d'une fois votre esprit s'était porté à de semblables pensées, étudiant le mystérieux pourquoi de tant de contradictions entre nos sentiments, nos désirs et la réalité des choses ; mais (il y a toujours un mais en tout et partout), mais, dans ce que je vous ai exposé, vous me faites remarquer une lacune : j'ai omis de montrer comment nous devons parvenir à notre destinée. Il ne suffit pas, dites-vous, d'entrevoir un but, il faut y arriver et, pour y arriver, connaître la voie qui y conduit, parce que, en dépit du proverbe, tout chemin ne mène pas à Rome et qui prend la route de Paris n'ira pas à Madrid.

Que Dieu nous ait donné l'être pour nous rendre heureux, dans un' autre monde, bien ! Mais comment obtenir ce bonheur ? Le pouvons-nous quoique nous fassions ? Cela est douteux et la question se pose naturellement quand on voit les hommes agir de manières si diverses, librement, volontairement, sans contrainte ; quand on voit les uns faire exactement le contraire de ce que font les autres ; ou plutôt non, nous le sentons : un Néron ne saurait avoir le même sort que les victimes de sa cruauté.

Vous avez raison, cher ami ; votre observation est juste. Je vais tâcher d'y répondre en complétant de mon mieux les idées que je vous ai déjà exprimées.

De même que Dieu ne fait rien sans motif (nous l'avons vu ensemble), il ne fait rien sans ordre. Ayant créé l'homme pour une fin, lui ayant préparé une destinée glorieuse et éternelle, il devait lui indiquer la voie à suivre pour y parvenir, lui tracer une règle de conduite, c'est-à-dire lui donner une loi. Il ne saurait être, en effet, moins sage que l'homme lui-même qui ne poursuit jamais un but sans prévoir les moyens pour y atteindre. Qui veut la fin, veut les moyens.

Oui, Dieu devait donner une loi à l'homme et il la lui a donnée : d'abord, au fond de l'âme, en le créant; puis, cette loi étant méconnue, il l'a lui rappelée sur le mont Sinaï et de nouveau par son Verbe, le Christ, qu'il a envoyé sur la terre.

Dieu nous a donné sa loi lorsqu'il nous a créés. en nous donnant la raison ou la lumière de la raison pour diriger nos actions :

Aussi bien que moi, cher ami, vous entendez au dedans de vous une voix qui tantôt vous loue, tantôt vous blâme; impossible à vous de la faire taire, quels que soient vos désirs et votre volonté. Si, en dépit de ses remontrances, vous cherchez par des arguments, plus ou moins plausibles, à vous persuader que vous avez bien agi, elle réplique encore : non; et vous restez impuissant à lui imposer silence. Que la passion, l'intérêt, approuvent vos desseins — cette terrible voix intérieure s'efforce de vous en détourner et vous crie : « Arrête! »

C'est cette voix qui s'appelle la raison, la lumière de la raison, la conscience ; voix universelle qui se fait entendre, non-seulement à vous, à moi, à quelques-uns, mais à tous et en tous lieux; car ce qu'elle con-

damne ici, elle le condamne là, du moins en général.
Je dis en général, parce qu'il est certaines choses qui
peuvent être regardées comme répréhensibles en quelques pays et non pas ailleurs, suivant diverses causes
qu'il serait un peu long de rechercher en ce moment; mais il y en a que dans toutes les régions l'on
tient pour louables et d'autres pour blâmables; ainsi
faire du mal à qui vous a fait du bien, tromper un ami,
outrager son père... est partout condamné par la conscience, tandis que se dévouer pour sa patrie, demeurer
fidèle à ses amis, tenir la parole donnée, est digne
d'éloge.

Maintenant songez à la variété, je pourrais dire
presque infinie, des actes qui découlent de la volonté,
et, dans cette conformité des sentiments de tous les
peuples, de tous les hommes, sur divers points, malgré
la différence des caractères, de même que dans l'impossibilité de contenir cette voix intérieure, vous aurez
la preuve que celle-ci est au-dessus de nous, vous aurez
la preuve que cette loi universelle ne peut être soumise
à l'empire de l'homme, que cette lumière de la raison
enfin ne peut venir que de Dieu, qui nous l'a donnée
avec notre nature.

Quelque puissante que soit cette voix quand elle
nous parle, quelles que soient la force et l'autorité de
cette loi pour nous retenir dans le chemin qui doit
nous conduire à notre fin, les hommes n'ont pas tou-

jours été fidèles à lui obéir ; libres de le faire ou de ne pas le faire, en vertu du privilège vraiment étonnant que Dieu leur avait également accordé, et que vous reconnaissez bien en vous-même, ils ont méprisé ses injonctions.

Ne voyant pas d'assez près le but qui leur était assigné, ils ont préféré ce qui semblait devoir leur procurer aussitôt agrément et plaisir et réaliser leur bonheur ; ils ont obéi à leurs passions, et se sont égarés comme ces voyageurs imprudents qui abandonnent la grande route pour prendre un sentier plus court en apparence et ne tardent pas à se perdre dans la forêt.

Dieu aurait pu évidemment les laisser dans la mauvaise voie qu'ils avaient choisie, puisqu'ils n'avaient suivi que leur volonté, mais, dans son indicible bonté, il a eu pitié d'eux ; il a voulu venir à leur secours et, pour les ramener au droit chemin, il a fait luire à leurs yeux une nouvelle lumière, une lumière plus claire et plus vive, en leur rappelant sa loi, premièrement sur le mont Sinaï, puis par son Verbe qu'il a envoyé sur la terre, comme nous l'avons appris.

C'est cette loi ainsi reproduite et écrite que nous appelons le Décalogue. Elle est bien la loi du premier jour. Si vous la considérez attentivement, en effet, vous serez frappé de l'accord qui existe entre ses prescriptions et celles que nous dicte la raison, lorsque nous laissons cette dernière parler librement, sans chercher à étouffer sa voix.

Loi admirable qui, en quelques lignes, en quelques mots, nous trace tout ce que nous avons à faire, ou, en d'autres termes, fixe tous les droits et tous les devoirs des hommes avec tant de sagesse que, si chacun de nous observait strictement ses préceptes, nous n'aurions besoin sur la terre d'aucun autre code, et les tribunaux humains seraient inutiles. Tout y est prévu, tout y est réglé : ce que nous devons à Dieu, ce que nous nous devons à nous-mêmes, ce que nous devons aux autres hommes; et c'est dans cette loi que toutes les lois humaines qui veulent être justes puisent leurs principes, sans pouvoir, toutefois, arriver à sa perfection, car elle ne s'arrête pas, elle, aux actes extérieurs comme ces dernières, elle gouverne jusqu'à l'âme, elle atteint même la pensée.

Loi en tous points accomplie, qui, si elle était parfaitement obéie, nous donnerait déjà sur cette terre, j'en ai la conviction, non le bonheur complet que nous recherchons, mais la paix qui en est un avant-goût.

Je vous ai dit, cher ami, le Décalogue prévoit, règle tout : ce que nous devons à Dieu, ce que nous nous devons à nous-mêmes, ce que nous devons aux autres hommes; c'est qu'en effet, créés par Dieu, à son image, en vue d'un bien auquel il faut nous efforcer d'arriver, nous lui demeurons soumis ; d'autre part, nous ne vivons pas seuls, isolés en ce monde; nous avons autour de nous une famille et des semblables avec lesquels nous sommes sans cesse en rapport, en contact; de là

diverses et nombreuses obligations envers Dieu d'a-
bord, puis envers nous, envers nos parents, nos enfants et les autres hommes.

Êtes-vous satisfait maintenant, cher ami ? ai-je
suffisamment répondu à votre observation ? Avec le
but qui nous est assigné, nous avons et nous connaissons ainsi le moyen d'y parvenir. A nous de ne pas
négliger ce moyen si nous tenons à ne pas manquer
le but.

Puissiez-vous aussi, vous, arriver heureusement au
terme de votre voyage ! Puisse votre traversée s'effec-
tuer sans accident ! Malgré les progrès de la navigation,
on voit toujours avec une légitime appréhension
s'aventurer sur mer ceux que l'on aime ; car, que de
dangers qui ne peuvent être évités : écueils, récifs,
tempêtes, cyclones... ; il y a de quoi frémir à chaque
instant ; et quant à moi je comprends ce cri d'Horace
au départ de Virgile pour Athènes :

> Illi robur, et œs triplex
> Circa pectus erat, qui fragilem truci
> Commisit pelago ratem
> Primus...

Je ne demande pas pour vous la protection de la
puissante déesse de Chypre, comme le poète latin,
mais je conjure la divine Providence de veiller sur
vous, de vous conduire à bon port et de vous ramener

bientôt sain et sauf près des vôtres; dans notre belle
France.

Adieu donc! Tous mes vœux vous accompagnent.
Que vos nouvelles ne se fassent point trop attendre!

Septembre 1884.

I V.

Mon cher ami,

Votre bonne lettre datée d'Alexandrie est venue me trouver à la campagne où je me repose depuis quelques jours de mes travaux et de mes soucis de l'année.

En effet, tandis que vous voguiez, vous, vers des pays lointains, moi, me rendant à une gracieuse invitation de cette excellente famille S*** dont vous m'avez souvent entendu parler, j'ai pris le chemin de P... pour m'installer dans la plus agréable demeure que l'on puisse imaginer et au milieu des plus aimables personnes que l'on puisse rencontrer, alliant aux charmes de l'esprit et des bonnes manières les plus précieuses qualités du cœur. Mais avant de causer de moi, causons de vous.

Votre traversée ne s'est pas faite sans incident, me dites-vous ; vous avez eu à subir une tempête terrible, et c'est par miracle que vous avez échappé à un naufrage. Durant quarante-huit heures vous avez été ballotté par les flots et dans la crainte presque constante de vous voir englouti avec tout l'équipage. Pendant la nuit surtout c'était effrayant : l'abîme en haut, l'abîme en bas, l'abîme tout autour de vous ; vous vous sentiez perdu dans l'immensité de l'espace, au milieu des ténèbres interrompues seulement par la lueur des éclairs dont la rapidité et l'éclat ne faisaient que paraître plus horrible encore la situation.

Grâce à Dieu, néanmoins, vous êtes arrivé au port sans trop de mal ; j'en suis heureux et j'en remercie la Providence ; mais je ne puis m'empêcher de m'écrier comme vous : que l'homme est petit et doit s'estimer faible et petit dans ces moments où son existence ne tient plus à rien en quelque sorte, et avec quelle ardeur ses pensées ne doivent-elles pas s'élever vers Celui dont la puissance souveraine se manifeste d'une manière si visible et si terrifiante !

Pour moi, cher ami, dans une atmosphère plus calme, je jouis à cette heure de spectacles plus doux, mais qui ne me font pas moins d'impression. Retiré à mi-côte d'une colline verdoyante et boisée dont les flancs sont entrecoupés de gracieux vallons ombragés où coulent de clairs ruisseaux qui, de distance en distance, retombent en cascades, chaque jour, à chaque instant, il m'est donné de contempler à loisir tout ce que la nature peut offrir de plus agréable et de plus varié aux yeux de l'homme :

A mes pieds une riche et fertile vallée, au terrain légèrement accidenté, qu'arrose une rivière dont l'eau ressemble à du cristal mouvant; à mes côtés, sur la colline même, des prairies encore émaillées de fleurs de toutes nuances; en face, au loin, des monts couverts d'une forêt d'arbres séculaires; plus loin encore, et dominant la forêt, des cimes blanchies par la neige; à droite, au fond d'une grande gorge tapissée de sapins gigantesques, des rochers abrupts, découpés d'une façon originale et pittoresque, au sommet desquels une ligne de mélèzes se détachant sur l'azur du ciel forme comme une bordure de dentelles; à gauche, un lac assez étendu, dont les bords tantôt à pic, tantôt à pente douce, présentent des aspects fort divers; çà et là, sur la colline, dans la vallée, près du lac, des villas, des maisons de campagne, des villages aux clochers effilés s'élançant dans les airs à travers un épais feuillage.

Le matin, lorsque le soleil commence à poindre, illuminant ce magnifique paysage de ses rayons étincelants, et fait ressortir les innombrables perles de rosée qui scintillent partout, rien de plus beau, je vous assure, mon cher ami... Je me trompe : à ce tableau je puis mettre en parallèle celui plus saisissant encore qu'en ce même lieu chaque nuit vient m'offrir. Si la vallée, les bois, le lac.., sont moins brillants à la pâle clarté de la lune, l'ensemble vous émeut davantage. Le paysage prend une physionomie toute différente avec une vie nouvelle et souvent fantastique. Et puis que dire de ces millions d'étoiles semées dans le ciel, et qui transportent l'imagination dans l'infini par leur nombre et leur distance incommensurable!

Je voudrais être peintre et poète, cher ami, pour vous peindre ces beautés et vous les exprimer comme elles devraient l'être; je voudrais pouvoir vous traduire toute mon admiration et les pensées que la vue d'une si belle nature m'inspire; mais je suis impuissant à le faire. Je ne puis que sentir, et il en a toujours été ainsi pour moi. Je dirai même que plus je sens vivement, moins je suis capable de faire entendre ce que je sens; mon âme saisie a de la peine à balbutier ce qu'elle éprouve.

Ah! vraiment, je ne comprends pas la froideur d'un grand nombre devant de pareils spectacles; je ne comprends pas qu'en ayant en face de lui de telles merveilles un homme puisse nier l'existence de Dieu ou en douter, douter aussi de sa sagesse et de sa bonté. Je ne comprends pas que toute âme ne soit pas prête à acclamer sa puissance, chanter sa gloire, lui exprimer sa reconnaissance et son amour. Il me semble qu'il ne saurait y avoir rien de plus naturel, ni de plus légitime; il me semble que tel doit être notre premier devoir comme nous l'indique le code divin. Mais hélas! les hommes ne réfléchissent pas ou ne réfléchissent guère.

Ce qu'ils sont habitués à voir, ils le voient sans chercher au delà. Leur vue est satisfaite, cela suffit; ce qu'ils voient, ce qu'ils sentent chaque jour leur paraît tout simple, et ils ne se demandent pas pourquoi ni comment tout cela. Ils ne se demandent pas pourquoi ces astres lumineux qui roulent sur nos têtes, dans un ordre que rien ne peut troubler; pourquoi ce soleil resplendissant qui nous éclaire et nous réchauffe; pourquoi ces variétés infinies d'êtres qui se meuvent autour de nous; pourquoi l'oiseau au brillant plumage qui vole dans les airs; pourquoi l'insecte qui bourdonne dans la plaine, l'herbe qui croît au champ, la fleur qui pare et embellit le sol.....; ils ne se demandent pas pourquoi tout cela, ni qui l'a fait; ils en jouissent; ils ne leur en faut pas davantage.

S'ils y réfléchissaient cependant, la raison leur dirait que tout cela ne pouvant provenir du hasard, ne peut être non plus l'œuvre d'un être inconscient ou mauvais; elle leur dirait que celui qui a fait des choses si étonnantes, si prodigieuses, est aussi grand que bon et mérite bien qu'on pense à lui; elle leur dirait que s'ils ont une âme, une intelligence, c'est pour s'élever surtout vers cet Être Suprême et chercher à le connaître. N'est-ce pas effectivement la beauté et le bien que recherche l'âme, et où y a-t-il plus de beauté et de bien que dans celui qui a fait tout ce qui est bien et beau ? N'est-ce pas la vérité que demande l'intelligence, et la vérité, la vérité absolue où est-elle, si ce n'est en Celui qui, en qualité de créateur, a la plénitude de toute science et de toute lumière ?

Non, les hommes ne réfléchissent pas et ne prennent pas la peine de lire ce qui est écrit dans cet éloquent et sublime livre de la nature. Ils sont comme ces enfants qui, ayant reçu en présent un beau volume, se contentent d'en admirer (quand ils le font) la riche couverture et les tranches dorées, sans chercher à savoir ce qu'il contient.

Songent-ils même à ce qu'ils sont, eux?— S'ils y songeaient, s'ils considéraient leur propre corps dont tous les organes sont si parfaitement combinés et si étroitement unis pour une même fin que le moindre trouble chez l'un d'entre eux se fait sentir dans tout l'ensemble ; — s'ils considéraient cette multiplicité de nerfs si fins et si déliés qui, rayonnant du cerveau jusqu'aux dernières extrémités des membres, leur permettent de percevoir à la fois les diverses sensations de la vue, de l'ouïe, du goût, du toucher, de l'odorat; — s'ils réfléchissaient à cette surprenante facilité qu'ils ont de se mouvoir, d'aller, de venir, de s'arrêter par un simple acte de leur volonté, imprimant aux nerfs moteurs et aux muscles l'impulsion voulue; — s'ils envisageaient ces autres mouvements involontaires de leur part qui s'exécutent avec une constante régularité, pour répondre aux besoins de la vie, comme ces mouvements du cœur qui transmettent le sang dans tout l'être, ils seraient confondus d'admiration ! Ils le seraient encore plus en songeant comment sont formés tous ces ressorts si ténus et si délicats qui entrent dans leur organisation et peuvent durer cinquante, soixante, même cent ans, sans se rompre, alors que s'usent en quelques courtes années les ressorts d'acier et les rouages des plus puissantes machines.

Ils seraient confondus, s'ils réfléchissaient à la manière dont ce palais humain s'élève progressivement, se développe, se répare ou s'entretient grâce à quelques aliments qui, réduits en sang, se transforment si mystérieusement en organes de composition et de structure entièrement différentes : les yeux, les poumons, les muscles, les os, la moelle...

Ils seraient confondus et, sans comprendre comment ces merveilles s'opèrent, car l'intelligence humaine n'y est jamais parvenue et n'y parviendra jamais, ils concevraient du moins la puissance de Celui qui les produit ; ils concevraient la supériorité de son intelligence et son inépuisable et féconde générosité envers eux ; ils s'humilieraient devant lui et ne pourraient cesser de redire ses louanges.

Qu'en serait-il encore si, ne s'arrêtant pas à ce prodige de son être corporel, l'homme contemplait cette autre partie invisible de lui-même, qui le distingue véritablement de toutes les créatures sur la terre, son âme en un mot, avec ses facultés :

Cette intelligence subtile par laquelle il arrive aux plus hautes pensées, jusqu'à la conception de Dieu même ; — son imagination et sa mémoire qui gravent en son esprit les images multiples des objets et des personnes se renouvelant sans cesse à ses yeux avec des qualités aussi nombreuses que contraires ; — ce pouvoir qu'il a de franchir le temps et l'espace et de se transporter aux premiers âges du monde ou aux dernières limites de la terre ; — cette liberté à lui donnée de faire le bien ou le mal à sa guise, de résister, si bon lui semble, à Dieu lui-même ; — cette faculté (dont il est cependant si fier — la femme surtout) de vouloir ou de ne pas vouloir en dépit de toute contrainte ; — cette force de la volonté qui le rend capable de tout oser, de tout entreprendre sans craindre aucun obstacle et lui assure l'empire sur toute la nature ; — et puis encore ce privilège de sentir ce qui est bien, ce qui est beau ou lui paraît tel et de s'y attacher, en autres termes, de l'aimer ?

Oui, cher ami, si l'homme songeait sérieusement à toutes ces choses admirables, il ne pourrait, ce me semble, demeurer dans cette indifférence où on le voit trop souvent ; il ne pourrait pas ne pas monter, pour ainsi dire, sans cesse en esprit vers Celui de qui il tient tout, pour lui témoigner sa gratitude ; il ne pourrait pas non plus ne pas s'efforcer de se rendre digne de tant de bienfaits par sa fidélité, sa soumission, son respect et son désir de se rapprocher le plus des perfections que son Créateur lui manifeste dans chacune de ses œuvres.

Quand nous avons reçu une faveur d'un puissant de la terre, de l'un de nos semblables, nous estimons que notre devoir est de lui exprimer notre reconnaissance, de lui en donner la preuve; pourquoi en serait-il autrement à l'égard de Celui qui nous a tout donné et nous a faits absolument ce que nous sommes? La raison proteste contre cette monstruosité.

S'il y songeait pourtant, si à travers les magnificences de l'univers, l'homme tournait, comme il le doit, ses pensées vers son Dieu, combien son âme grandirait, se développerait et progresserait vers sa destinée?

Ne l'avez-vous pas remarqué? N'est-il pas vrai que plus l'objet auquel l'âme s'applique est élevé, plus elle s'élève elle-même? Celui qui ne s'occupe que de la matière et ne vit que par la matière, a-t-il beaucoup de noblesse dans les idées et les sentiments? Non, certes; et s'il s'attache à des objets impurs, son âme devient en quelque sorte impure comme eux. Qui s'adonne au contraire aux lettres, aux arts, aux sciences, apparaît aussitôt avec une intelligence plus haute et monte dans l'estime des autres hommes.

Eh bien! donc, si nos pensées nous portent vers Dieu, l'excellence même, notre âme doit grandir plus encore, se diviniser, si je puis me servir de cette expression, se diviniser, s'identifier avec le bien qui est le but de notre vie.

Pour moi, cher ami, je vous l'assure, ce m'est une douce satisfaction quand je puis m'appliquer à un tel sujet ; les pensées que j'y puise me font oublier les misères de ce monde en même temps qu'elles m'inspirent toujours un nouveau désir de devenir meilleur, désir qui ne se réalise peut-être pas j'en conviens, tant ma faiblesse et mes défauts sont grands ; mais enfin, ce bien que j'entrevois, que je souhaite, m'excite et me réconforte, et cela n'est certes pas sans prix.

Je finis, cher ami ; tandis que je vous écris comme un moraliste, dans ma paisible solitude, à l'ombre d'un majestueux sycomore dont le feuillage ne laisse passer que quelques rayons de soleil pour m'égayer, l'heure s'avance et il faut rejoindre mes aimables hôtes qui veulent me conduire dans les environs, visiter une des curiosités du pays : une splendide grotte offrant, paraît-il, à la lueur des torches, avec ses nombreuses colonnes cristallines, l'aspect d'un palais enchanté.

Je vous quitte donc en vous souhaitant un prompt et heureux retour.

Votre plus fidèle et plus dévoué.

Novembre 1884.

V.

Cher ami,

Si j'ai appris avec plaisir votre retour, le malheur
qui vous attendait et dont vous me faites part m'af-
flige profondément.

Certes, oui, je comprends votre douleur, j'y com-
patis, je m'y associe. Je comprends combien votre
cœur si aimant a dû saigner en voyant la mort vous
enlever celle qui était comme une autre partie de vous-
même, cette compagne si digne et si sainte, votre joie
et votre orgueil, car sous ce rapport vous avez été un
des privilégiés. C'est là une cruelle épreuve capable
d'abattre l'âme la plus forte, et je conçois votre anéan-
tissement, presque votre désespoir.

Courage, cependant, cher ami. Portez vos regards

au delà de la tombe, et vous verrez dans un autre monde cet être bien-aimé, que vous pleurez, vous attendre avec confiance, après vous avoir indiqué la route à suivre pour parvenir au séjour heureux. Mais surtout ne dites pas, comme d'autres le font : est-il vrai qu'il y ait un Dieu bon pour nous faire ou nous laisser souffrir ce que nous souffrons?

Oui, mon ami, Dieu est bon; il nous l'a prouvé par ce qu'il a fait pour nous, non seulement en nous donnant l'existence, mais en disposant en notre faveur tous ces biens et toutes ces merveilles de la terre dont nous jouissons chaque jour. Il est bon, et les douleurs qui nous accablent, les maux qui pèsent sur l'humanité tout entière ne sauraient en faire douter. Quels qu'ils soient, ces maux se concilient parfaitement avec la bienfaisance divine.

Voyons : en dehors de ce qui est une conséquence de la nature de l'homme, ne sont-ils pas le fait de ce dernier lui-même? L'homme souffre de son ignorance et de ses erreurs; il souffre de ses vices, il souffre également des maladies dont son corps est affligé; il souffre dans son cœur; oui, mais la plupart de ces misères il aurait pu les éviter s'il n'avait pas contrevenu à la loi divine.

D'abord, son ignorance et ses erreurs tiennent à son imperfection, à sa condition même d'être créé. Dieu seul étant parfait, Dieu seul peut et doit être à l'abri de l'erreur et de l'ignorance.

Le plus souvent encore, celles-ci sont accrues par les passions que nous ne savons pas ou ne voulons pas réprimer.

Il souffre de ses vices parce qu'il a mésusé de la liberté que Dieu lui a accordée. Sans doute Dieu aurait pu mettre sa créature dans l'impossibilité de faire le mal, mais où aurait été la vertu, où aurait été le mérite ? Quel eût été notre titre à une récompense quelconque ? D'ailleurs, soit dit en passant, nous ne pouvons, nous, êtres bornés, juger les motifs pour lesquels l'Auteur de l'univers a suivi dans la création le plan qui se déroule à nos yeux. Sa sagesse infinie nous est seulement une garantie certaine que ce qu'il a fait est bien. Nous n'avons qu'à nous incliner.

Quant aux maux physiques, sous lesquels le corps plie et succombe, ne sont-ils pas le plus ordinairement les conséquences de l'oubli des règles de mesure que Dieu a posées dans son œuvre ? Nous manquons à la tempérance, par exemple ; avons-nous à nous étonner de subir les effets de ce désordre et pouvons-nous demander à Dieu de modifier sans cesse ses lois suivant notre caprice ? En violant la loi, quelle qu'elle soit, fixée par le Créateur, nous rompons l'harmonie qu'elle formait ; il est naturel que nous en souffrions. Du jour où pour la première fois l'homme a désobéi à son Souverain Seigneur, il a eu à expier, et, avec lui, toute sa postérité, car l'ordre a été troublé pour toujours.

Ce n'est pas à Dieu donc que nous pouvons faire

remonter la responsabilité du mal qui sort de nos propres fautes.

Bien plus, dans ce châtiment même qui nous est infligé, Dieu nous témoigne sa miséricorde. N'est-ce pas le vrai moyen pour nous ramener au sentiment de la justice et du bien, pour nous faire rentrer en nous-mêmes, nous tirer de notre égarement et nous exciter à reprendre la voie droite dont nous nous sommes écartés ?

Assurément, parfois, nous avons à supporter des maux qui ne dérivent pas de notre fait; nous sommes souvent victimes de la prévarication des autres; le méchant peut nous frapper injustement; cela est vrai; mais si c'est un effet du désordre qui appelle la justice et que Dieu, notre conscience nous le dit, saura réparer tôt ou tard, c'est aussi une épreuve pour notre fidélité ou un avertissement, ou même un acte de paternelle vigilance de la part de Dieu à notre égard.

Tenez, vous êtes père et vous aimez tendrement vos enfants, comme vous savez aimer, et cependant ne vous arrive-t-il pas de les corriger, de les admonester, de les contrarier, parce que, si bons qu'ils soient, ils ne vous obéissent pas toujours, ou qu'en faisant leur volonté ils s'exposeraient à un danger qu'ils ignorent et que vous connaissez, vous, plus instruit et plus expérimenté? — Je me souviens : un jour, votre plus jeune fils, âgé de quatre ans à peine, s'était emparé, à votre insu, de votre superbe poignard; malgré ses cris et ses pleurs, vous le lui avez enlevé des mains pour éviter qu'il ne se blessât. Vous l'avez contrarié vivement, vous ne pouviez en douter, et cependant c'est par amour, par affection que vous avez agi ainsi,

Dieu ne fait pas autrement avec nous quand il nous envoie ou permet certaines disgrâces, certaines souffrances.

On ne compte pas, cher ami, les hommes qui, après des traverses et des déceptions de toutes sortes, la première douleur et le premier mouvement de révolte passés, ont reconnu, en regardant la suite des événements, la justice et la sagesse de Dieu dans leurs épreuves, sa miséricorde envers eux! On ne compte pas ceux qui ont ouvertement confessé que du mal la Providence faisait sortir le bien, et que si elle les avait privés de quelques avantages terrestres ou affligés de quelque autre manière, c'était pour leur rappeler leur véritable destinée qu'ils oubliaient, les forcer à tourner la vue du côté de leur seule et unique fin, pour les y attirer bon gré mal gré.

Ainsi donc, en dépit des douleurs que nous rencontrons sur nos pas, en dépit des peines et des maux qui attristent notre existence et quelquefois la brisent, il est incontestable que Dieu nous a comblés de bienfaits et que sans cesse il nous les renouvelle. Si nous ne comprenons pas toujours les effets de sa bonté, cela tient à notre ignorance et à notre aveuglement. Mais de quelque manière qu'il en agisse avec nous, nous ne pouvons que le bénir et lui rendre amour pour amour. Cette bonté suprême est-elle autre chose, en effet, que l'amour?

Et, cher ami, en vous parlant des biens que nous tenons de Dieu, je vous ai, pour ainsi dire, parlé exclusivement des biens naturels; mais que penser de ces biens surnaturels dont il n'est pas moins prodigue et qui, aux yeux d'un homme raisonnable, sont infiniment plus précieux que les premiers? Que penser de Dieu venant lui-même sur la terre pour nous racheter par ses souffrances et sa mort, comme l'Église catholique l'enseigne, pour nous montrer le seul moyen de parvenir de nouveau au bonheur qu'il nous a réservé et nous aider par son exemple à nous relever, en acceptant courageusement l'expiation de nos fautes?

C'est là un mystère, sans doute; mais ce n'en est pas moins une vérité que confirment les miracles du Christ, le sang de ses martyrs, la sainteté de sa doctrine et les vertus de ses disciples.

Non, après cela, je le répète, il n'est pas permis de douter de la bonté divine, et, en même temps que cette bonté doit exciter notre amour, notre reconnaissance, notre adoration, elle doit faire naître en nous une douce confiance.

Courage donc, encore une fois, cher ami, soyez plus fort que votre douleur, et dans ce malheur qui vous frappe ne cherchez pas un motif pour condamner la

Providence. Un jour, j'en suis convaincu, vous aurez l'explication de tout.

Certes, je ne veux pas vous dire de sécher vos larmes et de chasser de votre cœur toute émotion : les larmes sont trop naturelles et l'insensibilité du cœur n'est pas possible; mais ne vous laissez pas aller au désespoir, et que votre âme ne s'arrête pas à la seule vue du mal présent; qu'elle regarde plus loin et plus haut.

Croyez moi, et croyez toujours à la sympathie pro-profonde, à l'affection sincère de votre vieil ami.

Décembre 1884.

VI.

Mon cher ami,

Dans le souvenir des bienfaits de Dieu dont je vous
ai esquissé quelques traits, quoique très imparfaitement, vous avez trouvé, sinon une entière consolation
à votre douleur, du moins un adoucissement à votre
affliction et un sujet d'espérance. Cependant, il vous
reste, me dites-vous, un doute qui parfois vient de nouveau vous assombrir plus qu'il ne faut.

Vous voyez ce que Dieu a fait de bien et de beau,
mais ne pouvant comprendre pourquoi il l'a fait, ni
pourquoi il nous a créés nous-mêmes, vous hésitez, par
moments, à croire que nous comptions pour quelque
chose dans sa pensée, et qu'il ait un si grand souci de
nous; vous hésitez à croire qu'il s'intéresse à ce qui

nous arrive et vous demandez s'il ne reste pas indifférent à nos peines et à nos maux comme à nos actes.

Peut-être, cher ami, ne faudrait-il chercher la cause de ces sentiments que dans l'excès de votre chagrin, car lorsqu'on souffre, lorsqu'on voit crouler ses rêves les plus doux, s'effondrer sous ses pas ses plus chères espérances, on se prend à douter de tout. Néanmoins permettez-moi quelques courtes réflexions.

D'abord, si Dieu a fait le monde, il ne peut le laisser aller au gré de la fortune et du vent, passez-moi l'expression, sans plus se préoccuper de lui que s'il n'existait pas. L'ouvrier qui a mis ses soins à une œuvre d'art ne s'intéresse-t-il pas au sort de cette œuvre? Ne la suit-il pas d'un œil jaloux; et lorsqu'un accident survient, la brise ou la détériore, n'est-il pas plein d'anxiété et tout prêt à réparer dans la mesure du possible les fâcheux effets de cet accident? Un père demeure-t-il indifférent à l'avenir de ses enfants? Ne travaille-t-il pas sans cesse en vue de cet avenir? Ne cherche-t-il pas constamment à le rendre sûr, tranquille, heureux? Voulez-vous que Dieu ait moins de cœur que l'homme? Voulez-vous qu'il soit plus égoïste, plus insensible? Non, cela ne se peut, vous en conviendrez.

Maintenant, pourquoi Dieu a-t-il fait le monde, l'univers, l'homme? Je ne sais véritablement pas, parce qu'il ne nous est pas donné de scruter la profondeur de ses desseins. Je ne vois d'autre explication que sa bonté même. N'est-il pas dans la nature d'un être bon de vouloir faire du bien et le plus de bien possible, lors même que ce bien ne lui rapporte rien? Ainsi, n'êtes-vous pas porté, vous, à rendre service à des étrangers, à des inconnus, envers qui vous n'avez aucune obligation et qui, à peine éloignés de vous, vous oublieront? Vous le faites parce que votre cœur vous y pousse, tout simplement.

Dieu, il me semble, n'a pas pu avoir d'autre mobile en nous créant; il n'avait rien à attendre de nous, en vérité, puisque tout ce qui est ne vient que de Lui seul, — je dis tout, hormis le mal, conséquence de la désobéissance à ses ordres.

Dieu n'avait nul besoin de nous créer, de créer le monde, l'univers, pour sa gloire et son bonheur, de même qu'il n'a nul besoin, aujourd'hui que nous sommes, de nos hommages. S'il nous a donné la vie, encore un coup, ce ne peut-être que par pure bonté, et c'est cette bonté même de Dieu qui doit provoquer notre amour et notre confiance, comme sa grandeur et sa majesté nous invitent au respect, à la vénération, suivant que la nature des choses le commande. Sur cette terre, vis-à-vis des autres hommes qui nous sont supérieurs et qui nous ont fait quelque bien, n'éprouvons-nous pas des sentiments analogues,— sentiments tellement légitimes, tellement conformes à la raison que quiconque paraît s'y soustraire est aussitôt condamné par ses semblables?

Je sais bien que certains esprits, sous un faux prétexte d'humilité, prétendent que Dieu est trop au-dessus de nous pour tenir à nos hommages et à notre vénération, s'inquiéter de nos actes ; mais, pour le redire, ce n'est point parce que notre adoration est nécessaire à Dieu que nous la lui devons, mais parce que la justice le veut ; et, en vertu de ce principe de justice, Dieu doit l'exiger.

Oui, cher ami, les principes sont là, et il faut les suivre, sous peine de voir le désordre partout ; les principes sont là, et il nous suffit de considérer ce que Dieu a fait pour nous, ce qu'il est par rapport à nous, pour nous convaincre de nos obligations envers Lui.

D'autre part, s'il n'a pas été indigne de Dieu de nous créer, pourquoi serait-il indigne de Lui de veiller sur nous ?

Cela non plus ne saurait lui donner grand souci. Il ne faut pas le juger d'après ce que nous sommes, le mesurer à notre petitesse. Nous ne nous occupons pas toujours, nous, des menus détails de notre maison, des moindres actions de nos serviteurs, parce que nous avons autre chose à faire et que notre intelligence et notre attention ne peuvent suffire à tout ; mais Dieu, lui, ne voit-il pas toutes choses d'un seul coup d'œil ? Ne peut-il pas tout, sans peine, sans effort ? Penser le contraire, serait nier sa toute-puissance, ses perfections infinies.

Ces observations, cher ami, ne sont-elles pas d'un certain poids? La raison me les fait apprécier ainsi. Puissent-elles répondre à votre désir et satisfaire votre cœur! Je le souhaite vivement, comme un ami peut souhaiter du bien à son ami. Tout à vous!

Février 1885.

VII.

Vous raillez, cher ami, en m'appelant théologien!
Non, je ne suis pas théologien et je n'ai point étudié
la théologie, ce que je regrette même profondément,
cette science ayant un grand attrait pour moi. N'est-ce
pas la plus belle des sciences, en effet, celle qui nous
enseigne ce qu'il y a de plus élevé et de plus important
à connaître, et qui rapproche le plus l'homme de la
grande lumière, de la Divinité? Malheureusement, mes
travaux, mes occupations ne m'ont pas permis jusqu'à
présent de me livrer à son étude.

Ce n'est donc pas en théologien que je vous ai
parlé des bienfaits de Dieu, de sa grandeur, de sa
puissance et des devoirs qui en découlent pour nous,
ainsi que de la confiance que nous devons avoir en sa
sagesse; mais au nom seul de la raison qui me montre
clairement toutes ces vérités et me fait comprendre

combien est fondée la loi nous ordonnant d'aimer Dieu, de lui obéir et de l'adorer, combien aussi cette loi répond aux sentiments naturels du cœur humain.

Oui, c'est la raison qui, au vu des bontés infinies de Dieu pour les hommes, me dit que nous devons l'aimer et l'aimer par-dessus tout, sans réserve, sans mesure, suivant l'expression de saint Bernard ; c'est la raison qui me dit encore : celui-là est coupable qui ne le fait pas ou qui prétend l'emporter sur Dieu dans l'affection de ses semblables ; c'est la raison qui, me représentant la toute-puissance du Créateur, sa sagesse, sa supériorité, me fait entendre qu'il nous faut lui obéir, le vénérer, l'adorer, — l'adorer autant que l'aimer ; car l'adoration se rapproche de l'amour. Cela est si vrai que dans le langage ordinaire de la passion l'un s'emploie pour l'autre. N'avez-vous pas entendu dire souvent, au sujet d'une personne aimée : je l'adore ? C'est un abus assurément, mais cet abus démontre comment le cœur de l'homme comprend l'amour.

C'est la raison également qui, me rappelant ma faiblesse et mon impuissance, à côté du pouvoir absolu de Dieu, m'apprend que si je dois être reconnaissant envers le Seigneur des biens dont il m'a comblé, je dois lui demander de me les continuer, puisque je ne suis rien et n'ai rien que par lui :

« Dieu se plaît à donner, mais il veut qu'on le prie. »

La raison, cher ami, elle nous dirait d'excellentes

choses, si nous l'écoutions attentivement, mais le plus souvent nous étouffons sa voix, ou mieux nos passions étouffent sa voix ou dénaturent le sens de ses paroles.

Si nous l'écoutions cette pauvre raison, elle nous dirait encore, en dépit des sophistes, d'après lesquels Dieu étant esprit ne veut être aimé et adoré qu'en esprit, que notre amour et notre adoration tout en partant du fond du cœur doivent se traduire par des actes :

Si Dieu est esprit, nous avons, nous, un corps et une âme, l'un et l'autre son œuvre, l'un et l'autre sous sa dépendance, et recevant sans cesse l'un et l'autre de nouveaux gages de sa paternelle bienveillance; tous deux, par conséquent, sont tenus de témoigner leur gratitude à leur manière. Du reste, ce que l'âme éprouve, elle ne peut pas généralement ne pas le manifester au dehors, tant elle est étroitement unie au corps. Tout ce qui vient de l'un réagit sur l'autre ou l'autre y participe à sa façon. Qui ne le sait? Notre visage, a-t-on dit, est comme le vitrage d'une lanterne à travers lequel on voit briller la lumière intérieure. La comparaison est originale, mais assez juste. L'homme triste, effectivement, ne laisse-t-il pas voir sa tristesse dans sa physionomie? La colère, la douceur de caractère ne se peignent-elles pas dans tous nos traits?

Et puis, les actes extérieurs contribuent puissamment à entretenir les sentiments intimes; ainsi, à cette heure où je vous écris, cher ami, ce seul fait en quelque sorte matériel de conduire ma plume sur le papier, ravive en moi d'une manière plus sensible votre souvenir; il me semble vous voir, vous entendre, causer avec vous, et mon affection se ranime. Vous avez assurément, de votre côté, éprouvé plus d'une fois cette impression lorsque vous écriviez à ceux que vous aimez et dont vous étiez séparé. Il en est de même pour les témoignages extérieurs, les signes d'amour et d'adoration à l'égard de Dieu. Ces actes se confondent avec les actes intimes de l'âme, les font naître, les excitent, les augmentent.

Voulez-vous une dernière considération à l'appui de mon principe, considération que la raison me semble également approuver?

Entre tous les hommes nous formons une société visible et corporelle et non pas une société purement spirituelle; nos semblables voient nos actions, les apprécient, les jugent; le plus souvent même ils en tirent profit ou ils en souffrent. Si nous nous bornions à garder notre amour pour Dieu au fond du cœur, sans jamais le témoigner au dehors, ils seraient en droit de penser que cet amour nous ne l'avons pas, que nous sommes insensibles aux bienfaits de Dieu, que nous manquons à notre premier devoir, et ce serait d'un fâcheux effet pour la société, parce que d'autres, notamment, y trouveraient un encouragement à oublier leur propre devoir.

Voilà, il me semble, bien des motifs forçant à reconnaître que si l'homme doit un culte intérieur à Dieu, il lui doit également un culte, extérieur, — un culte, c'est-à-dire qu'il doit honorer le Créateur, et dans son cœur, et par ses paroles, et par ses actes.

Je n'ajouterai pas, cela va de soi, que ce respect dont nous sommes tenus envers Dieu nous oblige aussi à respecter son saint nom et tout ce qui le touche? Nul, en vérité, n'oserait soutenir que c'est honorer quelqu'un que mépriser son nom et traîner dans la boue ce qui lui appartient?

Mais, cher ami, puisque je prétends parler au nom de la raison, il me faut être raisonnable, une fois au moins, et ne pas abuser de la raison elle-même, pas plus que de l'attention et de l'indulgence de mes amis. Je ne prolongerai donc pas, aujourd'hui, cette grave dissertation et je m'arrête en vous répétant : *vale, vale et ama.*

Avril 1885.

VIII.

Mon cher ami,

Pardonnez-moi si je suis en retard avec vous. J'ai plus d'une cause pour justifier mon silence : tout d'abord, un surcroît d'occupations survenu à l'improviste, puis un voyage pressant, nécessité par des affaires urgentes, et enfin une indisposition qui, sans mettre ma vie en péril, m'a retenu alité pendant quelques jours. Vous le voyez, mes motifs d'excuse sont assez légitimes ; aussi je suis persuadé que vous ne me garderez pas rancune ; je suis persuadé même qu'il ne vous en faudrait pas tant pour m'excuser, car vous avez un naturel trop aimable et trop bon pour ne pas voir tout en bien chez les autres et ne pas leur prêter les

meilleures intentions; vous ne savez même pas remarquer les défauts d'autrui, ou si vous les apercevez,
il est difficile de le soupçonner, car jamais vous ne le
laissez paraître; ce qui vous vaut l'estime et la sympathie de tous ceux qui vous connaissent.

Mon pardon accordé, de quoi vous parlerai-je, cher
ami? Que vous dirai-je, sinon ce que j'ai vu et qui m'a
causé une impression des plus vives? — Au moment
où je vous écris, en effet, je suis encore tout ému de la
cérémonie à laquelle je viens d'assister : — Comme en
plusieurs endroits, notre vénérable et patriotique
archevêque avait ordonné des prières publiques et un
service funèbre pour nos malheureux soldats morts au
Tonkin. Le service à la cathédrale a eu lieu ce matin,
et la cérémonie, présidée par le prélat lui-même, s'est
accomplie avec une imposante solennité, dans un profond et pieux recueillement, en présence d'une af-
fluence considérable. L'église, très vaste, vous le savez,
toute tendue de noir, était littéralement remplie par la
foule des assistants appartenant aux différentes classes
de la société : à côté du brillant uniforme de l'officier,
car la garnison était largement représentée, on voyait
la simple veste de l'artisan; à côté de la grande dame,
vêtue de ses habits de deuil, étaient agenouillées la pauvre mère de famille et l'humble ouvrière, pleurant
l'une son fils, l'autre son frère ou son fiancé; bien des
jeunes gens aussi priaient près de leurs vieux parents...

La vue de ce peuple prosterné devant Dieu, dans

une même pensée, ces rites symboliques et sévères
ces chants austères et pleins d'expression m'ont singulièrement touché, en même temps que mon âme se
sentait portée à un mouvement plus vif d'adoration;
comme du reste il m'arrive presque toujours lorsque,
dans ses grandes fêtes, l'Eglise catholique déploie toute
sa pompe et qu'assemblés au pied des autels, pour
remercier le Seigneur de ses bienfaits ou implorer sa
clémence et sa pitié, les fidèles ne semblent plus faire
qu'une même famille, réunie dans la maison du père
commun. Ne dirait-on pas alors que le ciel et la terre
se rapprochent et vont se confondre? Ne dirait-on pas
que les hommes n'ont plus qu'un seul et même cœur,
qu'un seul et même sentiment? Et, en vérité, malgré
la diversité des caractères, les divergences d'opinions
et quelquefois les rivalités d'individus, où trouver plus
d'unité que là où tous les hommes se considèrent comme égaux devant leur Créateur, ayant un égal besoin
de réclamer sa protection et sa miséricorde?

Ceux qui rêvent l'union des peuples et des hommes
iront la chercher vainement ailleurs, dans les combi-
naisons ou les utopies de systèmes politiques plus ou
moins ingénieux. Je ne crois pas qu'elle puisse mieux
se réaliser.—A ce propos encore, je ne m'explique pas
comment des gens peuvent nier l'influence salutaire
de la religion et du culte, contester même leur légitimité, et osent prétendre gouverner une nation en dehors de toute idée religieuse. Un peuple sans religion,
sans culte, est-ce admissible?

J'ai eu occasion, cher ami, de vous dire pourquoi l'homme, d'après la seule raison, doit un culte à Dieu. Ceci, vrai de l'homme en particulier, ne l'est-il pas de tous les hommes, en général, pris dans leur ensemble? Vivant en société, n'ayant qu'un même Auteur, qui leur a donné une même vie et dont ils ont reçu de semblables bienfaits, ne doivent-ils pas s'unir pour lui rendre les mêmes devoirs, chanter ses louanges, le remercier de ses grâces ? Quand il s'agit de leurs affaires de la terre, de leur commerce, de leur industrie, ils se réunissent, ils se concertent, ils travaillent en commun ; pourquoi resteraient-ils isolés dans les devoirs qu'ils ont à remplir vis-à-vis de leur Créateur ?

Et puis, les sociétés, les peuples, dans leur individualité, ne forment-ils pas des corps dont tous les membres sont créatures de Dieu et qui doivent également leur existence à Dieu? Ils sont des êtres complexes assurément, mais d'une même nature que l'homme, et ayant une même origine; partant, ce qui est convenable pour chacun des membres qui les composent doit l'être nécessairement pour ces corps eux-mêmes. Si donc tout homme seul est tenu d'honorer Dieu, toute nation l'est au même titre. Cette unique considération suffirait, à mon humble avis, pour faire comprendre la convenance, l'obligation d'une religion, d'un culte public.

Je m'étonne d'autant plus de voir et d'entendre

parfois soutenir le contraire, que c'est la contradiction absolue de ce qui a toujours été admis, de tout temps et en tous lieux, par le genre humain.

Vous connaissez, certes, mieux que moi l'histoire et les mœurs des peuples qui vivent et qui ont vécu sur la terre. Eh bien! si loin que vous remontiez dans les temps anciens, en quelque point du globe que vous vous transportiez, vous ne verrez pas un seul peuple, une seule tribu, même parmi les plus sauvages et les plus barbares, sans religion et sans culte. Oh! je sais que le culte ne s'est pas manifesté et ne se manifeste pas encore sous une seule et même forme partout, de même qu'il ne s'est pas adressé et ne s'adresse pas encore au seul Créateur du monde. Je sais que certains peuples sont allés jusqu'à déifier et adorer des êtres grossiers et inanimés, jusqu'à diviniser leurs vices et pratiquer des cérémonies religieuses aussi absurdes que cruelles; mais le principe d'un Etre supérieur à l'homme, plus puissant que lui, ayant droit à son hommage et à sa vénération, a toujours subsisté, et toujours les peuples se sont conformés à ce principe, s'ils l'ont trop souvent altéré.

Pour tout dire, du reste, ces aberrations et ces variations dans le culte s'expliquent par les passions qui ont obscurci l'intelligence humaine et l'ont détournée de la vérité. A elles seules aussi, selon moi, elles démontreraient la nécessité d'une religion révélée, unique et immuable comme l'Auteur de toutes choses; Il n'y a qu'un Dieu, il ne saurait dès lors y avoir qu'une seule religion, car les honneurs à rendre à Dieu doivent être les mêmes pour tous les hommes, ses créatures au même titre, au même degré; et une religion révélée par Dieu même peut seule résister au temps, aux passions, et demeurer jusqu'à la fin des siècles avec toute sa pureté et dans toute sa vérité.

Ici, cher ami, vous le voyez, je vais au-devant d'une objection que vous étiez peut-être prêt à me faire, parce que plus d'une fois je vous l'ai entendu formuler, sinon très nettement, du moins d'une manière dubitative ; objection que d'ailleurs beaucoup d'autres font ouvertement, — non par conviction, mais par intérêt. Souffrant d'être gênés dans leur conduite, voulant vivre à leur guise, en dehors de toute règle, un grand nombre prétendent que la révélation divine est contraire à la raison et aux lois naturelles; et, sous prétexte qu'ils ne peuvent admettre ce qu'ils ne comprennent pas, n'ont pas vu de leurs propres yeux (comme s'ils comprenaient et voyaient eux-mêmes tout ce qu'ils croient et affirment chaque jour), ils soutiennent que chaque homme à sa religion dans son cœur et que, si Dieu tient a être honoré, peu lui importe la manière dont il l'est.

Eh bien! non, la révélation n'est pas contraire à la raison, car la raison nous dit assez que rien n'est impossible à Dieu, que la nature et ses lois sont sous son entière dépendance; elle nous dit assez que Dieu est trop au-dessus de nous pour pouvoir, nous, juger ses desseins, et que notre intelligence est forcée de se soumettre, quand les faits surnaturels dont le monde ou une partie du monde a été témoin attestent une intervention divine ici-bas.

Quant à vous donner dans cette lettre, cher ami, toutes les preuves d'une révélation certaine de la religion catholique, religion universelle, qui n'admet aucune différence entre les peuples et doit régner dans toutes les contrées du globe, je ne l'entreprendrai pas. Vous en trouverez de plus autorisés que moi pour le faire, si vous avez le désir d'apprendre plus que vous n'en savez. Je m'abstiens, parce que je ne suis pas théologien, je vous l'ai dit un jour; je vous parle d'après ma petite raison. Je me permets seulement cette remarque :

La vie du Christ, — sa conduite sur la terre, — les prodiges qu'il a accomplis, — sa mort plus qu'héroïque, — la pureté et la sagesse de sa doctrine, — la propagation de cette même doctrine dans tout l'univers, par quelques hommes des plus simples et pour ainsi dire ignorants, malgré les plus cruelles persécutions, et en dépit de toutes les passions à combattre; — la transformation absolue de la société, qui a suivi... tout cet ensemble d'événements extraordinaires peut-il être regardé comme le fait unique de l'homme ou ne doit-il pas être considéré comme une œuvre divine ?

Ma parenthèse fermée, cher ami, je dis encore que non seulement les peuples se sont toujours inclinés devant cette idée, qu'il y avait obligation pour eux de rendre un culte à la Divinité, mais que dans l'accomplissement de ce devoir on a toujours vu la sauvegarde des nations, leur salut, parce que la religion est le bouclier de la loi, la protection des faibles, la défense de l'innocent, et je puis ajouter que la vraie religion est la suprême garantie des bonnes mœurs.

Les philosophes païens, les hommes politiques de l'antiquité en jugeaient tous ainsi, et, malgré la dépravation qu'ils attribuaient à leurs fausses divinités, ils reconnaissaient dans la religion un principe indispensable pour la conduite des hommes et la sûreté des États.

De nos jours, qu'a dit J.-J. Rousseau? « L'oubli de la religion conduit à l'oubli de tous les devoirs de l'homme. » Et cela est juste; en effet, oublier la religion, la méconnaître, c'est oublier, c'est nier Dieu. Or, ôtez du cœur humain la pensée de Dieu, qui est la source de toute justice et de toute sagesse, il n'y a plus de morale et plus d'ordre, plus de société possibles. La morale n'a de base sérieuse que si elle s'appuie pour tous sur un même principe, certain, inaltérable, souverain, c'est-à-dire sur Dieu ou en Dieu.

Si tout homme pouvait se créer sa morale à soi, on n'aurait bientôt plus dans le monde d'autre règle de conduite que la passion; et le choc des passions de tous les êtres, ayant des sentiments et des intérêts contraires, entraînerait les plus grands désordres qui se puissent imaginer, l'anarchie la plus complète, en un mot la destruction de la société. L'homme, sans le souvenir de Dieu, livré à ses seuls instincts, n'est-il pas vraiment plus violent, plus féroce que la brute ? Les atrocités que commettent certains criminels prétendus civilisés nous le prouvent bien. Les bêtes fauves tuent leurs victimes, l'homme martyrise les siennes et ne sait qu'imaginer pour les torturer davantage avant de les faire périr.

Après J.-J. Rousseau, Edgard Quinet exprime la même pensée : « Un peuple qui perdrait l'idée de Dieu perdrait par là même tout idéal. Je ne m'explique pas sur quoi il pourrait continuer à orienter sa marche. »

Mais ces citations que je vous fais, cher ami, ne sont-elles pas superflues ? Certes, oui, sans ce principe tutélaire, comment diriger une nation et quel est le gouvernement qui pourra se maintenir debout ? Pense-t-on qu'avec ses lois il sera assez fort ? Mais, lorsqu'on ne croira plus qu'au châtiment présent et humain, lorsqu'on se regardera comme assuré de l'impunité en dehors de cette vie, rien n'arrêtera dans le chemin du crime. Il n'y aura plus de conscience, plus de règle du juste et de l'injuste. Les lois civiles, n'est-il pas facile de les éluder ? Sur quelles bases solides reposeront-elles ? Quelle sera leur autorité ? Qui ne se dira en droit de les discuter et qui ne refusera d'obéir a une volonté qui pour lui ne sera pas plus légitime que la sienne? Les sanctions pénales, on aura beau les multiplier, les renforcer; on aura beau doubler, tripler le nombre de gendarmes ou de sbires, la loi ne sera pas mieux respectée.

Pour moi, je vous l'avoue en toute sincérité, sans la croyance en Dieu, je m'attacherais peu à ce que notre code commande ou défend. J'observe ses prescriptions parce que je comprends qu'elles puisent leur autorité dans l'autorité divine même, et que Dieu et la religion m'en font un devoir.

Un jour, parcourant une étude sur la criminalité dans les temps modernes, vous avez été surpris, m'avez-vous dit, du progrès effrayant du mal chez les enfants; vous vous êtes ému en voyant tant de petits monstres marcher à la suite des plus audacieux coquins ou les devancer, volant, tuant, assassinant même leurs parents pour les dépouiller.

Eh bien! l'explication de ce fait douloureux est toute là: ce débordement du crime, cette perversité de l'en-fance répond à l'éducation généralement donnée à notre époque. Depuis quelques années on prétend ne former les hommes que par la science, en l'absence de tout principe religieux, sans aucune idée de Dieu; les jeunes gens ainsi élevés, ne sentant plus de frein à leurs passions, se laissent aller à toutes leurs convoi-tises, et, pour les satisfaire, ne craignent pas de recourir à d'abominables excès.

Ah! combien sont coupables ceux qui poursuivent un tel système et s'efforcent d'y soumettre le pays tout entier! Ils tuent la patrie en lui enlevant toute sa force morale, ils perdent peut-être pour toujours des âmes faites pour le bien! Quelle terrible responsabilité ils assument devant la postérité et devant Dieu! N'aura-t-on pas le droit de faire remonter jusqu'à eux le mal qui ne sera que la conséquence de ce vice d'éducation?...

Il y en aurait long à dire à ce sujet, cher ami; néanmoins, je n'ajouterai rien de plus aujourd'hui, car ma plume m'a déjà entraîné bien loin, plus loin que je ne prévoyais. Je n'ai qu'à clore ma missive en vous témoignant toujours ma profonde amitié.

IX.

Cher ami,

Vous n'avez pas oublié notre ancien camarade de collège, A***, qui ne rêvait que peinture, aspirant à surpasser un jour Rubens, Raphaël, Le Titien, Ingres, Delacroix..., en un mot tous les grands peintres, passés, présents et futurs, et qui, du reste, j'en conviens, montrait tout jeune déjà un certain talent.

J'apprends qu'il est devenu fou, le malheureux, fou à lier, fou de désespoir, parce que, au dernier Salon, il n'a pas obtenu le premier prix. Sa famille a dû le faire enfermer dans une maison de santé, sans espérance de le voir jamais guérir.

Tantôt, paraît-il, lorsqu'un rien le contrarie, il entre dans des accès de fureur indescriptibles ; tantôt, lorsqu'il est plus calme et que tout lui sourit, il se donne pour le plus grand monarque du monde, adoré de ses sujets...

Pauvre garçon ! C'est la conclusion de ses principes orgueilleux et égoïstes, et peut-être aussi la conséquence de sa vie trop peu réglée. Je puis avancer ceci sans médire ni calomnier, j'imagine, car il ne se cachait pas de ses défauts et s'en faisait même gloire. Sa maxime n'était-elle pas qu'il faut penser à soi, et que l'homme ne doit se refuser aucun plaisir ; maxime d'un grand nombre, hélas ! aussi.

Assurément, cher ami, je ne pousserai pas, moi, le stoïcisme jusqu'à soutenir que nous ne devons avoir aucun amour propre, qu'il ne nous est pas permis de nous aimer, ni de rechercher notre bien et notre bonheur. Tout au contraire, je trouve ce sentiment trop inné en nous, trop général, pour ne pas croire qu'il tient à notre nature et nous a été inspiré par Celui même qui nous a faits. Mais il faut distinguer ; à côté d'un amour propre, d'un amour de soi légitime, il en est un autre, je puis dire, coupable ; à côté d'un bien que nous pouvons et devons rechercher, il en est dont nous devons nous garder sévèrement.

Si j'ai bonne mémoire, je vous ai exposé un jour, avec diverses raisons à l'appui, comment nous avons été créés pour une destinée heureuse ; il est donc convenable de désirer ce bien, de nous efforcer d'y parvenir, et, comme conséquence, nous sommes tenus de fuir tout ce qui peut nous en éloigner, cela nous offrirait-il même une jouissance passagère. Cette jouissance ne serait plus en vérité un bien réel, mais un faux bien, un piège trompeur qui, loin de nous procurer le bonheur constant et durable que nous souhaitons, ne pourrait que nous ménager de cruelles déceptions et nous conduire à notre perte.

C'est là, cher ami, la grande erreur que commettent la plupart des hommes, que nous commettons presque tous : nous nous laissons séduire par les apparences, par le seul attrait du moment; aussi, tôt ou tard, avons-nous à expier notre imprudence, vous avez pu le remarquer ; et c'est pourquoi le proverbe dit que l'on est toujours puni par où l'on a péché.

A ce propos, considérez, par exemple, l'égoïste qui ne pense qu'à lui, sans s'inquiéter des autres et va répétant avec ce malheureux A*** :

« Quand je me trouve bien, jamais le mal d'autrui
« N'a mérité de moi que je pensasse à lui.
« De moi seul je m'occupe, et c'est moi seul que j'aime.
« Des malheureux je fuis jusqu'au souvenir même.
« Mettez le monde en feu : s'il ne me touche pas,
« Pour l'éteindre, jamais je ne ferais un pas. »

Considérez l'égoïste qui fait tout converger à son unique satisfaction, qui laisserait périr l'univers plutôt que se déranger pour porter secours à son semblable, et ne consentirait à se priver de la moindre des choses pour soulager autrui ; n'atteint-il pas le but opposé à celui qu'il recherchait ?

Oubliant que nous sommes tous plus ou moins dépendants les uns des autres sur la terre, que tous nous avons besoin de nous aider, de nous soutenir, de nous servir, et s'isolant, restant indifférent aux peines des autres, il donne à ceux-ci le droit de regarder avec une égale indifférence ses malheurs, et de l'abandonner seul dans son impuissance. Non seulement il leur en donne le droit ; mais en fait c'est ce qui arrive d'ordinaire.

De même, l'orgueilleux, qui veut se mettre au-dessus de tout et de tous, qui a toujours le *moi* à la bouche, n'est-il pas détesté, exécré ? Ne cherche-t-on pas à l'humilier à chaque instant ? Ne se réjouit-on pas de tout ce qui peut le froisser ?

Je le redis, cher ami, c'est là l'erreur et la faute de beaucoup de ne pas discerner ou chercher à discerner leur vrai bien, celui vers lequel ils doivent tendre, des faux biens qu'ils ont à éviter. Et, en ne le faisant pas, ils manquent à leur propre devoir envers eux-mêmes.

Pour ne pas tomber dans cette déplorable confusion, il faudrait ne jamais perdre de vue sa fin, puis, songeant à cette fin, tout y rapporter, ne s'attacher qu'à ce qui peut y conduire, délaisser tout ce qui est capable d'en détourner.

Si donc l'homme est fait pour un bien infini — et nous le savons — son obligation la plus stricte est de s'étudier à toute perfection afin de consommer avec le bien suprême, soit avec Dieu, son union qui doit être son bonheur. S'unir, associer leur vie, leur existence, c'est déjà, en effet, sur la terre, le bonheur de deux êtres qui s'aiment; mais une union véritable, étroite, intime, n'est pas possible quand il n'existe entre les êtres aucun rapport de ressemblance.

Il doit y travailler avec courage et constance, sans jamais oublier le modèle divin que la raison lui fait entrevoir, non plus que les règles de conduite qui lui ont été dictées. Il le doit, sans se laisser distraire par un plaisir momentané, contraire à la loi de justice et de sagesse à laquelle il est soumis, parce que, quelque vif que ce plaisir périssable puisse paraître, il ne saurait entrer en balance avec un bien impérissable, éternel.

Se rappelant aussi que rien ne s'obtient sans peine et sans effort, que là est le mérite et le droit à la récompense, il doit poursuivre son but même au prix de tous les sacrifices, pour peu qu'il soit raisonnable et s'aime véritablement.

Dira-t-on : ce serait folie de laisser un bien que l'on a sous la main pour un autre bien à venir et dont on n'est pas entièrement certain ? — N'est-ce pas chaque jour cependant que nous exposons ce que nous possédons, en vue d'un autre gain éventuel, même douteux, mais plus important s'il se réalise ? Dans le commerce, fait.

on autre chose ? Le négociant qui expédie ses marcha
dises par delà les mers, pour les revendre avec pro
ne risque-t-il pas sa fortune ou une partie de sa fortu
dans le seul espoir de l'augmenter, sans en être assu
une foule de circonstances, un naufrage, par exemp
pouvant tout anéantir et lui faire perdre avec
biens le fruit de ses sueurs et de ses peines ?

Maintenant, en quoi peut consister cette perfecti
de l'homme ou comment y travailler?

D'une manière générale et en deux mots, je répo
drai, d'après mon petit bon sens : L'homme étant co
posé d'un corps et d'une âme, il faut d'abord rete
que ses efforts doivent viser l'un et l'autre, pour q
sa perfection réponde à sa nature. Vous en conviendr
n'est-ce pas? Et, dans cette double tâche, il est néc
saire d'apporter, avec tous les soins convenables, u
juste mesure pour maintenir entre le corps et l'â
l'équilibre voulu, cette belle harmonie établie par
Créateur, indispensable à l'exercice des fonctions q
nous sommes appelés à remplir. — Ceci, entre par
thèses, combien nous l'oublions encore ? Plus pré
cupés du corps, tout en le traitant souvent à rebou
nous ne travaillons que pour lui, ne songeons q
l'entretenir, à le ménager, à le soigner, sans souci
sa compagne. S'il y a une préférence à accorder po
tant, n'est-ce pas à l'âme qu'elle doit l'être, l'â
la partie la plus noble, la plus élevée de notre p
sonne, l'âme qui nous rapproche de la Divinité ?

La perfection du corps, elle, exige l'entretien de santé et le développement progressif des forces phy ques, par un usage régulier et pondéré, par l'exerc prudent et attentif de tous les organes, afin de rendre plus aptes à servir utilement l'âme dont sont les instruments.

Quant à la perfection de l'âme, si je ne me tromp elle demande l'application constante de toutes s facultés au bien, au beau, à la vérité.

Voyons, cher ami, est-ce que je ne parle pas com la sagesse ? Platon aurait-il mieux dit ? Plût au ci pour mon compte, que je n'eusse jamais oublié c principes si clairs, et que je ne m'en fusse poi écarté ! Bien certainement j'aurais dans le passé moi de sujets de regrets, je pourrais dire de remords ! Si vo n'avez pas, vous, à vous faire ce reproche, je vo envie votre bonheur, car c'est un vrai bonheur, le pl grand dont on puisse jouir ici-bas, il me semble, pouvoir regarder d'un œil tranquille et serein s années écoulées et toutes ses actions.

Mais si je vous porte envie, cher ami, gardez-vo de croire que ce sentiment altère en rien mon ami pour vous. Tout au contraire, mon attachement n'c rendu que plus fort, plus vif, par l'estime que v qualités et vos vertus m'inspirent. Je désire since ment vous le prouver ; en attendant, recevez-en la co plète et formelle assurance.

X.

Cher ami,

Sous ce titre : *Le Monde à l'envers,* je lisais, naguère, dans le *Petit Moniteur*, un article fort intéressant de M. Paul Dalloz qui vous aurait frappé, j'en suis sûr.

L'auteur, dont vous connaissez le mérite, y démontrait avec une grande netteté combien aujourd'hui notre pauvre société méprise le bon sens et la vérité pour ne s'attacher qu'au faux, au mensonge, à l'absurde. Dans les arts, dans les lettres, dans les mœurs, en politique, partout le faux, toujours le faux!

« Est-il question de peinture, dit-il, on sacrifie le « dessin à la couleur et l'on se figure pouvoir faire « quelque chose en jetant au hasard des effets d'ombre « et de lumière sur une toile où l'on n'a pas tracé de « contour. La science a remplacé l'art.

« Est-il question de musique? Nous avons une école
« fort brillante et surtout fort bruyante qui a pris pour
« règle d'immoler la mélodie à l'harmonie, autrement
« dit, d'étouffer le chant sous l'accompagnement.

« Parlerons-nous maintenant de littérature, de style,
« de notre bonne vieille langue française que tout le
« monde écorche à l'envi, depuis les romanciers réa-
« listes jusqu'aux écrivains officiels, depuis les disci-
« ples de M. Zola jusqu'aux ministres de M. Grévy?

« C'est le triomphe de la rhétorique vide, de la
« phraséologie creuse, de l'épithète oiseuse et redon-
« dante. L'adjectif prime le substantif, il l'opprime;
« on ne dit plus la république, mais la république
« *conservatrice*, la république *opportuniste;* en atten-
« dant que l'adjectif supprime le substantif, et qu'on
« dise tout bonnement : la *radicale,* la *sociale.*

« Dans nos mœurs, c'est encore bien pis. Quelle
« invasion du faux, du conventionnel, de tout ce qui
« n'a d'existence que dans les rêves de l'imagination
« la plus désordonnée!

« Non seulement nous sommes passionnés pour les
« fictions du théâtre, au point qu'une première à la
« Porte-Saint-Martin fait plus de bruit qu'une victoire
« de nos soldats au Tonkin, mais nous nous sommes
« appliqués à faire de chacune de nos maisons, quand
« nous ne prenons pas pour cela quelque endroit
« public, un théâtre où nous jouons nous-mêmes la
« comédie ou la tragédie.

« Nous nous plaisons à introduire dans notre vie
« bourgeoise les péripéties de la scène, à donner à nos
« moindres actions une sorte d'air dramatique.

« Le théâtre déborde sur la vie réelle.

« Et en politique?... »

Oh ! sur ce point il y en a long, vous devez le penser;
mais je passe, car je ne prétends pas vous donner la
copie *in extenso* de l'article dont je vous parle; et en
vous écrivant, je n'ai pas, comme le journaliste cité,
l'intention de faire de la politique. Mon seul désir est
de vous signaler l'idée principale qui a inspiré l'écrivain
et qui mérite d'attirer l'attention.

Certes, cher ami, je n'ai aucune compétence pour
traiter de musique et de peinture, et me prononcer sur
les vices reprochés à ces arts; mais en fait de mœurs,
et la politique laissée de côté, il me paraît incontestable que jamais critique ne fut mieux établie.

Pour compléter son tableau, l'auteur aurait pu ajouter encore un dernier chapitre; il aurait pu dire que
nous sommes tellement passionnés pour le faux que
nous allons jusqu'à nous en parer, jusqu'à nous faus-
ser, nous déformer nous-mêmes.

Sans parler, en effet, de ces vieux beaux et de ces
vieilles coquettes qui se badigeonnent et se fardent
avec frénésie, *pour réparer des ans l'irréparable outrage,*
la mode devant laquelle hommes et femmes se cour-
bent sottement n'est-elle pas presque en tout ridicule
et absurde?

Ainsi, comprenez-vous ces jeunes gens (il y a même des hommes de tout âge) qui se collent les cheveux sur le front, ce front fait pour être découvert, et cachent de cette façon ce qu'ils ont de plus beau et de plus noble dans leur extérieur, cette partie où se reflètent habituellement l'intelligence et la puissance de toutes les facultés? Comprenez-vous ces jeunes femmes qui se voilent le sommet du visage, ce qu'elles en ont d'ordinaire de plus charmant et de plus expressif, avec des frisures plus ou moins ordonnées, à l'instar des caniches, sauf à découvrir un peu plus ce que la décence devrait leur faire couvrir davantage? Les comprenez-vous se torturant les pieds dans d'étroites chaussures tout effilées, pour marcher comme sur des pointes d'aiguilles ou des charbons ardents? Les comprenez-vous se déformant la taille avec leurs mille plis et replis relevés vers les hanches, pour paraître brisées en deux ou trois morceaux? Pour sûr, si elles étaient ce qu'elles se font, elles ne cesseraient de gémir.

Oui, cher ami, le faux, toujours le faux; le mensonge à la place de la vérité : dans les paroles et dans les actes, dans la vie intime et privée, dans la vie extérieure et publique; ce qui brille et reluit à la place de ce qui est solide et durable, ce qui n'est qu'apparent à la place de ce qui est réellement. C'est peut-être une des particularités de notre époque.

Et cependant, si nous avons une intelligence, c'est pour l'appliquer à la vérité, car c'est pour la vérité qu'elle est faite, de même que nos yeux sont faits pour voir, nos oreilles pour entendre. La vérité lui est nécessaire, elle en a besoin comme d'un aliment, parce que la vérité c'est ce qui est, ce que l'on ne saurait empêcher d'être et ce qui partant peut seul satisfaire nos désirs; aussi souffrons-nous lorsque nous en sommes privés, lorsque nous sommes dans l'erreur ou l'ignorance.

Envisagée d'un point de vue élevé, la vérité, c'est le flambeau qui éclaire nos pas et nous dirige dans l'âpre sentier de la vie. Quiconque la fuit marche dans les ténèbres et s'expose à périr.

La vérité, c'est une émanation de Dieu même; qui la repousse ou la méprise repousse la lumière divine et offense Dieu.

Sans doute, il n'est pas donné à l'homme, être faible et borné, de la posséder toujours pleinement, de la contempler sans nuage, mais il est de son devoir de la rechercher et de la poursuivre sans relâche, pour arriver au terme heureux de son existence; il est de son devoir de s'attacher à elle, de l'aimer, de tout lui sacrifier : plaisirs, amour-propre, passions, s'il veut tendre à cette perfection qui lui est commandée autant par la raison que par le législateur divin.

Il doit la respecter même dans ses plus humbles dehors, parce que s'habituer à la traiter avec négligence, suivant les cas, c'est risquer de l'outrager ou de la dédaigner, si sérieuse et si grave qu'elle se présente.

Heureux vraiment qui connaît la vérité et sait la priser! En même temps que sa lumière, elle est sa force pour l'aider à accomplir son devoir. En lui montrant, en effet, ce qui est bien et ce qu'il doit faire, elle lui dévoile le péril qui le menace s'il se détourne de sa route, et lui inspire la résolution ferme de persévérer dans la bonne voie. Puis, tout en lui faisant pratiquer la vertu, elle lui fait mériter l'estime et la confiance des autres hommes.

Infortuné, au contraire, qui ne conçoit pas sa beauté, sa noblesse, sa puissance, et ne l'honore que lorsqu'il y trouve un avantage, l'immolant volontiers à ses intérêts, la reniant sans hésiter si elle est un obstacle à ses désirs! Non seulement il s'égare au milieu des ténèbres et va de faute en faute, au-devant de sa perte, mais il encourt la réprobation de ses semblables et s'attire leur défiance.

Très certainement, cher ami, vous avez eu plus d'une fois occasion de l'observer : Pour qui dédaigne la vérité, il n'y a plus de foi, ni de croyances vives et sincères, plus d'engagements sacrés, plus de convictions inébranlables; parce que la foi, les croyances, les convictions ne sont autre chose que l'adhésion à la vérité ou à ce qu'en notre âme et conscience nous estimons être la vérité, et les engagements pris, qu'une protestation, une assurance donnée au nom de la vérité elle-même; et, de tout temps, le mépris public a flétri ces lâches qui, sans force de caractère, abandonnent leurs croyances premières pour suivre une autre foi, d'autres croyances, afin de sauvegarder leurs biens ou se mettre à l'abri d'un danger, tout autant que les parjures qui foulent aux pieds leurs engagements et ne cherchent jamais qu'à s'y soustraire. — Malgré leurs défauts et leurs vices, les hommes savent encore généralement apprécier chez les autres la loyauté, le courage, le désintéressement qu'ils n'ont pas toujours eux-mêmes, et estiment quiconque reste fidèle à ses convictions sans que rien puisse le faire fléchir.

Ce n'est pas, vous le sentez bien, cher ami, que dans ma pensée, l'on doive condamner ceux qui, reconnaissant une erreur, font le sacrifice de leurs idées et les abandonnent pour se tourner du côté de la vérité, pas plus que l'homme qui par dévouement, dans un intérêt au-dessus de son intérêt personnel, impose silence à son sentiment propre pour éviter de troubler la paix générale. Non, ceux-là sont des sages qu'il faut honorer.

Les êtres méprisables et méprisés, flétris du nom de *renégats*, renégats de la foi ou de la vérité religieuse, renégats de la foi politique, renégats de la patrie, renégats de la liberté, sont uniquement inspirés par la lâcheté ou l'intérêt, par la crainte d'un mal dont ils se sentent menacés ou par l'espérance d'obtenir quelque faveur en récompense de leur infidélité, et c'est en cela qu'est le crime.

Je pourrais dire encore, cher ami, que celui qui n'aime pas profondément la vérité n'est pas loin non plus de méconnaître la justice et de la violer, tant l'une et l'autre se tiennent et se confondent.

Qu'est-ce que la justice, en réalité, sinon le respect des droits de chacun, fondés soit sur la loi naturelle ou positive, soit sur des conventions? Et toute injustice qu'est-elle, sinon la violation de cette loi ou de ces conventions, soit une contradiction à ce qui devrait être, à la vérité?

Cela d'ailleurs ne saurait vous étonner, parce que dans le monde moral, comme dans le monde physique, tout se tient, tout s'enchaîne. C'est une conséquence de l'ordre admirable dans lequel nous avons été conçus. Dès que cet ordre est troublé en un point, tout s'ébranle, exactement comme lorsqu'on renverse un pan de mur d'un édifice; le surplus, ayant perdu un de ses points d'appui, ou s'écroule brusquement ou se désagrège peu à peu, suivant que la partie détruite était plus ou moins importante.

Puissions-nous donc, cher ami, voir revivre au milieu de nous l'amour de la vérité! Puissions-nous voir cette pauvre délaissée plus recherchée, plus respectée de tous!

Mais tout en le souhaitant, il n'y a guère lieu peut-être de l'espérer, parce que pour beaucoup elle serait gênante, importune; et ceux-là préféreront se boucher les oreilles afin de ne pas entendre sa voix, fermer les yeux afin de ne pas voir sa lumière. Pour beaucoup, l'intérêt primant tout, mentir demeurera une règle de sagesse, de prudence et d'habileté, lorsque leur fortune ou leur ambition le commandera, et la sincérité ne sera que sottise, si elle est capable de leur nuire.

Vous n'en êtes pas là, vous, cher ami, et vous aimez la vérité, vous l'honorez, la recherchez, lui êtes fidèle, désirant ardemment la servir en toutes circonstances, selon votre belle devise qui devrait être celle de tout honnête homme : « *Verba animi proferre et vitam impendere vero.* » Aussi les rapports avec vous sont-ils sûrs, et ceux que vous appelez vos amis, n'ayant crainte d'être trompés, ne vous ménagent-ils pas leur confiance.

Pour moi, je vous l'affirme, inspirer de pareils sentiments serait une bien grande et bien douce satisfaction, de même qu'une part dans votre affection me rend fier, n'en doutez pas; n'en doutez pas et ne doutez pas non plus de mon entier dévouement.

Adieu.

XI.

Cher ami,

L'histoire que vous me racontez est triste, et je plains sincèrement ce pauvre père que son fils a jeté dans le désespoir en le déshonorant. Il avait bien le droit, le malheureux, de compter sur un avenir paisible et une vieillesse honorée, après tant de sacrifices faits pour les siens! Il pouvait d'autant plus y compter que son fils était richement doué et s'annonçait comme un sujet distingué. Quelle est sa récompense? Ce jeune homme, oubliant ce qu'il doit à son père, oubliant ce qu'il se doit à lui-même, ne faisant aucun cas de son intelligence et de ses belles facultés, se laisse entraîner au plaisir et peu à peu, ensuite, pour satisfaire son amour du luxe et ses violentes passions, à de véritables fautes qui appellent une répression !

Plaise à Dieu que ses juges, touchés de sa jeunesse et de son repentir, voient dans sa conduite, plutôt inexpérience et étourderie que volonté coupable, disposée au mal ! L'épreuve du père aura déjà été assez cruelle, et quant au fils, j'imagine, la leçon sera suffisante pour le retenir désormais dans la bonne voie.

Oui, cher ami, c'est là une bien triste histoire, qui malheureusement se reproduit encore souvent. Plus d'une fois déjà, en effet, il m'a été donné de voir d'honnêtes familles ainsi frappées et nombre de jeunes gens entièrement dévoyés, après avoir reçu les meilleurs principes. Cela parce que ces jeunes gens n'avaient su maîtriser leur cœur et régler leur volonté ou même n'avaient fait aucun effort pour y parvenir. Séduits par l'attrait des plaisirs, fascinés par le charme de sentir, suivant l'expression de Bossuet ; sans résister ni chercher à résister aux incitations malsaines qui les pressaient, se livrant au débordement de leurs vices, ils en étaient arrivés aux plus déplorables excès, à perdre toute conscience de leur dignité et de leur devoir.

Fatale conséquence à laquelle nul de nous ne saurait se soustraire ! S'il nous faut effectivement appliquer toutes les forces de l'intelligence à l'étude de la vérité, pour ne pas nous égarer et nous écarter de notre but final, il ne nous est pas moins nécessaire de veiller avec attention et sollicitude sur notre cœur et notre volonté ; car, plus encore que l'intelligence, ils ont l'un et l'autre un rôle prépondérant dans notre existence et notre destinée ; ils en sont les facteurs, si je puis m'exprimer ainsi.

N'est-ce pas la volonté, cher ami, qui commande à tous nos actes, et la volonté ne se meut-elle pas, ne prend-elle pas le plus souvent ses résolutions d'après l'impulsion du cœur ? Si notre cœur aime ce qui est bien, ce qui est juste, notre volonté nous fait accomplir des actions bonnes et justes, et partant notre vie est bonne et en même temps conforme à sa fin. Si, au contraire, il se donne à ce qui est mal ou à ce qui n'a de bien que l'apparence, la volonté, écoutant ses inspirations mauvaises ou subissant son influence, nous pousse à des œuvres mauvaises aussi, et, j'ajouterai, détruit l'harmonie qui devrait être entre notre existence et le terme à elle assigné.

Avec quels soins dès lors ne faut-il pas veiller sur les mouvements de ce cœur, les objets qui le sollicitent et vers lesquels il se sent entraîné ! Avec quels soins ne faut-il pas régler la volonté, la former, la dresser, pour qu'au besoin même elle combatte les premières impressions de la sensibilité, et résiste aux suggestions du dehors qui tendraient à nous éloigner de notre voie et nous porteraient à enfreindre, sous de vains prétextes, les lois de la sagesse !

D'une grande mobilité, le cœur, troublé par l'imagination (imagination que beaucoup confondent avec le cœur lui-même), se laisse facilement abuser par ce qui le flatte sur le moment, sans voir au delà, et il s'y porte vivement, avec passion, ne se demandant pas si, derrière les attraits qui le subjuguent, il n'a pas de piège à redouter, si quelque douleur ne l'attend pas ; il ne songe pas, livré à lui seul, à s'assurer si le plaisir qu'il entrevoit est réellement un bien ; il s'y abandonne souvent malgré la défense faite, malgré le premier cri de la conscience. La joie, l'ivresse présente, lui est tout. Aussi que d'illusions et que de cruelles déceptions ensuite ! Et aussi que de fautes et de crimes accompagnent ou suivent la première faute commise, car la pente au mal est glissante et le crime appelle le crime :

« Un pas hors du devoir peut nous mener bien loin ! »

Nous le voyons tous les jours ; l'homme cupide, le voleur ne devient-il pas assassin ? L'adultère ne se fait-il pas homicide ? Et pour couvrir une faute, l'atténuer, n'a-t-on pas d'ordinaire recours au mensonge et à la calomnie ?

C'est ainsi qu'est descendu si bas ce pauvre jeune homme dont vous m'avez parlé.

Vous vous souvenez, cher ami, de ce phénomène trompeur dont les Français furent victimes en Egypte, en 1799, le *mirage*, pour l'appeler par son nom : Lorsque nos soldats approchaient d'un village ou d'une oasis, il leur semblait voir se réflétant dans un lac les maisons et les arbres en face d'eux. Pressés par la soif, ils accouraient pour se désaltérer ; mais, à mesure qu'ils avançaient, le lac s'éloignait et les laissait avec leurs souffrances, augmentées encore par la déception et de nouvelles fatigues; et, à chaque pas qu'ils faisaient, ils s'enfonçaient de plus en plus dans les sables brûlants du désert, pour y périr ou n'en sortir qu'avec plus de difficultés.

Eh bien! cela me représente à peu près le sort de l'infortuné qui, attiré par l'image des plaisirs, court follement à leur rencontre; il va, il va toujours en avant, les poursuivant avec obstination à travers tous les vices, sans jamais rassasier son cœur, et plus il va, plus il s'embourbe, pour finir par succomber.

Ah! cher ami, sachant ce qu'il en est, je voudrais pouvoir me faire entendre de tous les hommes et leur dire : « Vous, qui désirez le bonheur, cherchez-le dans la fidélité au devoir, dans l'obéissance aux commandements de votre Dieu et non dans la satisfaction de vos désirs et de vos passions. » Je voudrais pouvoir le leur dire et être assez éloquent pour le leur persuader.

Sans doute, il est quelquefois pénible de résister à ses penchants et de s'arracher aux séductions du plaisir; il en coûte sur le moment, oui ; mais ce n'est qu'à cette condition néanmoins que la paix est assurée, cette paix ineffable de l'âme honnête et vertueuse, qui est le fondement du vrai bonheur.

« La vertu fut toujours la volupté suprême, » a dit le poète. C'est avec raison. Dès que l'homme, en effet, a obtenu ce que sa passion convoitait, le remords s'attache à lui, la tristesse, le trouble et l'amertume s'emparent de son âme, l'agitent et la tourmentent. S'il s'efforce d'étouffer la voix de la conscience, de lui imposer silence, ou s'il cherche à s'étourdir pour ne pas l'entendre, une vague inquiétude, un dégoût indéfinissable de toutes choses suivent et le torturent d'une autre façon ; puis viennent, comme un autre et juste châtiment, les conséquences mêmes de sa faute, dans sa santé, sa fortune, son repos, son honneur, qui bouleversent son existence : Le libertin n'a-t-il pas à expier par d'horribles maladies ses orgies et ses débauches, ou, vieilli avant l'âge, n'a-t-il pas à subir les effets d'une décrépitude morale et physique prématurée ? Le larron n'a-t-il pas à rendre compte habituellement à la justice de ses larcins, et n'est-il pas obligé de restituer ce qu'il s'est indûment approprié, de payer même au delà, à titre de peine ? La société des honnêtes gens ne le repousse-t-elle pas avec mépris ?

Encore une fois, cher ami, je voudrais pouvoir aller au fond de tout cœur et lui montrer, lui faire sentir cette grande vérité, si utile, si nécessaire pour son bonheur, pour le bonheur de l'humanité tout entière,

Mais hélas ! désirs vains et stériles ! Quelle serait mon autorité pour me faire écouter, et de quoi serais-je capable, moi, alors que tant d'autres, ayant pour auxiliaires le talent, le savoir, l'art de bien dire et surtout leur vertu, n'ont pu que rarement toucher les âmes d'une manière efficace ? Pour éclairer l'homme déchu et le transformer, il faut vraiment une lumière et une force surnaturelles.

Je reste donc avec mes regrets, mais aussi avec toute mon amitié pour vous.

Octobre 1885.

XII.

Cher ami,

L'orage est donc conjuré? Votre jeune égaré a pu
échapper à une condamnation! Dieu soit loué! Après
tant d'angoisses, quelle joie ce doit être pour le père!

Quant au fils, il faut espérer maintenant que, suivant
sa promesse, il s'efforcera par son travail et sa conduite à venir de faire oublier le passé..

Le travail! il a raison de vouloir en faire son appui :
Une des grandes causes de ce dérèglement dont nous
nous entretenions dernièrement, et qui amène de si
fâcheuses conséquences, c'est bien l'oisiveté, la vie
facile et molle à laquelle s'habituent quelquefois les
jeunes gens. Nombre d'entre eux, issus de familles
riches, ne voyant nullement la nécessité de travailler
pour gagner leur pain, s'imaginent aisément qu'ils
n'ont rien à faire, que jouir des économies de leurs
ancêtres; qu'une occupation quelconque même est

indigne d'eux; et pour tromper l'ennui, ce ver rongeur des paresseux, s'abandonnent à tous les plaisirs innocents ou coupables. Certains parents encore n'encouragent que trop ces tendances, en procurant à leurs enfants les moyens de satisfaire tous leurs caprices.

Aussi, peut-on dire, sans paradoxe, que la pauvreté est un bienfait. Pour beaucoup, elle est vraiment la source de sérieuses vertus, du travail, de l'ordre, de l'économie, de la tempérance..., tandis que de grandes richesses, entraînant souvent l'oisiveté, peuvent conduire à tous les vices contraires.

Les oisifs! mais ils sont le fléau des sociétés; ce sont des êtres inutiles, nuisibles, des parasites qui vivent de la substance d'autrui et étouffent tout ce qui est bon autour d'eux. L'esprit engourdi, le corps énervé, ils sont incapables de rien produire, hors le mal; alors pourtant que Dieu n'a donné l'intelligence à l'homme que pour la mettre à profit; des bras et des mains pour les utiliser.

Que tous ne soient pas dans la rigoureuse nécessité de travailler pour vivre, je l'admets, à raison de la diversité évidente des fortunes. Mais ceux qui ne sont pas obligés de payer de leur sueur leur nourriture quotidienne, n'en sont pas moins tenus au travail, parce qu'ils font partie de la grande famille humaine, et que chacun, profitant du labeur de ses frères, doit en retour apporter le fruit de ses efforts. Et puis, sont-ils faits d'une autre nature? N'ont-ils pas un même but à poursuivre que le reste des mortels? N'ont-ils pas un bonheur à conquérir, et ce bonheur peuvent-ils l'obtenir sans l'avoir mérité?

A eux il appartient de travailler pour soulager les déshérités de la fortune et instruire ceux qui n'ont pas le loisir de faire de grandes études ni de longues recherches.

A côté toutefois de l'oisiveté, d'où naissent tant de maux, et en dehors des mauvais exemples trop fréquents et si contagieux, vous ne l'ignorez pas, cher ami, il est un autre principe à cette profonde dégradation morale dont nous voyons les terribles résultats. Puisse aussi désormais votre jeune naufragé, revenu à la raison, se prémunir contre lui!

Je veux dire cette facilité avec laquelle l'esprit se porte vers le mal lui-même, se fixe sur ce qui le représente ou le rappelle, même avant tout désir coupable; cette complaisance avec laquelle on entretient son imagination des sujets les plus opposés à la vertu et au bien. Sans doute, les plus horribles pensées peuvent nous envahir presque à notre insu; mais cela précisément exige de notre part une sévère attention. En s'arrêtant à des pensées criminelles, impures, le cœur se vicie, se déprave, l'intelligence s'obscurcit et devient pour ainsi dire incapable de discerner le bien du mal; et l'imprudent qui ne fuit pas ou n'éloigne pas rapidement avec soin toute idée malsaine ne tarde pas à succomber.

« D'abord une simple pensée s'offre à l'esprit, puis une vive imagination, ensuite le plaisir et le mouvement déréglé, et le consentement, » dit l'*Imitation de Jésus-Christ*, ce livre admirable, inimitable, qui renferme tant de sagesse et de philosophie, et sait nous dévoiler avec tant de netteté les misères et les faiblesses de l'âme, pour nous apprendre à les guérir.

Rappelez-vous aussi ce mot d'Ovide :

« Principiis obsta ; serò medicina paratur,
« Cum mala per longas invaluere moras. »

Arrêtez le mal à sa naissance; quand il s'est fortifié avec le temps, le remède vient trop tard. — N'est-il pas juste?

Aujourd'hui, en vérité, cher ami, et cela est triste à constater, on dirait que le mal est notre élément, tant nous aimons à nous repaître de lectures mauvaises, à nous entourer de livres où le vice s'étale sans retenue, où le crime est souvent justifié, pour le moins toujours excusé. Les œuvres licencieuses ne se comptent même plus depuis quelques années; elles pullulent sous toutes les formes, livres, brochures, feuilletons..., celles qui renferment les détails les plus cyniques ayant le plus grand succès. Et les mœurs sont à l'avenant. Oui, à force d'être en contact avec le vice, on s'y habitue, il ne vous répugne pour ainsi dire plus; on se fait même à ses maximes, et si l'on n'ose pas les défendre toujours très ouvertement, on les soutient dans une certaine mesure, les présentant sous les plus doux euphémismes.

C'est pourquoi vous entendez un assez grand nombre de personnes, encore réputées pour honnêtes, émettre des idées et professer des principes qui jadis auraient révolté la conscience publique, au point de vue de la morale, de la probité et de la délicatesse, comme au point de vue de l'honneur et de la loyauté. Vous m'en fîtes, un jour, vous-même, l'observation.

Chez bien des femmes et des jeunes filles, le sentiment de la pudeur, inséparable de l'honneur, a fait place à un laisser-aller de manières, de ton et de langage qui autrefois aurait scandalisé, et cela s'appelle franchise, amabilité !

Chez l'homme, le désir de parvenir à la fortune et de s'élever fait confondre la vérité et le mensonge, et supprime les barrières qui séparent le juste de l'injuste; mais c'est l'effet d'une noble ambition, l'indice d'un caractère large et facile !

Pour beaucoup encore, la passion couvre tout, excuse tout, et la dignité du mariage par exemple, le caractère sacré du lien conjugal, sont des mots surannés, vides de sens; les époux sont libres de donner et de reprendre leur cœur à leur gré, de rompre leurs premiers engagements, si l'union qu'ils ont contractée ne leur convient plus, parce que, dit-on, le cœur ne peut être asservi et a des besoins qu'il faut satisfaire!

Et qui se récrie contre de semblables théories, contre un tel oubli du devoir, est accusé de fausse vertu, de... *bégueulerie*. Vous connaissez le mot, il est historique.

Ce relâchement des mœurs, encore une fois, vient de ce que nous avons été accoutumés à vivre en esprit au milieu du vice et à voir sur le théâtre et dans nos livres le plaisir substitué à la vertu, tous nos mauvais penchants encouragés, le crime réhabilité, le remords traité de sottise et la décence de préjugé; car « rien de plus redoutable que la puissance du livre, pour me servir du langage d'un écrivain; son action est universelle, durable et toujours victorieuse. Il s'empare à la fois de toutes nos facultés : de l'imagination qu'il séduit par le charme des images et des peintures; de l'intelligence qu'il subjugue par la vigueur du raisonnement; de la volonté dont il éveille toutes les passions, et ainsi, sans témoin, comme sans pudeur, il pénètre jusqu'au plus intime de l'âme. » Œuvre d'autant plus facile que le mal n'est pas sans attrait pour nous et que nous apportons toujours la secrète complicité de nos mauvais instincts.

Ce que je dis là, cher ami, n'a rien d'exagéré, vous avez pu vous en convaincre vous-même, et vous avez pu, si vous avez suivi quelquefois les débats judiciaires, vous assurer que bien des criminels, d'après leurs propres aveux, n'avaient puisé l'idée de leur crime que dans de misérables romans.

L'un d'eux, naguère, interrogé par le président des assises, comment lui était venue la pensée de l'assassinat qu'il avait commis dans des circonstances atroces, répondait, le sourire aux lèvres : « *On sait son Ponson du Terrail. C'est un chic, celui-là !* »

La vérité est telle qu'un de nos romanciers modernes, Jules Janin, n'a pu s'empêcher un jour de s'accuser lui-même et de s'écrier : « Nous sommes coupables par nos doutes, nos blasphèmes, nos rêves remplis d'orgies fantastiques, nos inventions maladives où toutes nos passions mauvaises jouent le grand rôle ; nos romans, tristes fantômes qui lèvent leurs mains décharnées contre la société outragée, contre les bonnes mœurs indignement insultées ! »

Après cela, il faut bien reconnaître la grande sagesse de la loi divine, défendant jusqu'à la pensée volontaire et réfléchie du mal, non seulement parce qu'il y a déjà faute à se complaire à regarder le mal, comme le dit Juvénal entre autres ; mais aussi parce que c'est la voie qui conduit à de plus grandes fautes.

Cette observation faite, cher ami, je m'arrête, car j'entre là dans des considérations de morale fort inutiles pour vous.

Adieu, et croyez-moi toujours votre cordialement dévoué.

XIII.

Cher ami,

Ainsi que vous le désiriez, il vous a été donné d'assister, à Bayonne, à une course de taureaux faite d'après toutes les règles, comme en Espagne, et vous êtes encore navré, me dites-vous, de ce que vous avez vu.

Je n'en doute pas : de tels spectacles ne sont pas ceux d'une nation civilisée, mais d'un peuple sauvage. Voir un homme aux prises avec un animal furieux, terrassé, piétiné, percé de part en part et transporté hors de l'arène sanglante, les entrailles fumantes et sur le point d'expirer, quel plaisir agréable vraiment!

La curiosité vous avait poussé au cirque, parce que vous ne croyiez pas à un semblable dénouement; mais vous en êtes sorti profondément ému, surpris en même temps, indigné que l'on autorisât de pareilles choses, et que la foule ne se fût pas montrée plus touchée de la mort du toréador, ne sachant, pour toute oraison funèbre, que reprocher à ce malheureux sa maladresse.

Quant à cette indifférence, moi, je m'en étonne peu ; c'est un effet de l'exemple et de l'habitude. A voir souvent couler le sang, on s'y fait ; à voir de fréquents exemples de cruauté, on devient cruel soi-même. Mais ce que je ne m'explique pas plus que vous, c'est que ces jeux barbares ne soient pas sévèrement prohibés, et à raison de l'influence fâcheuse qu'ils sont capables d'exercer sur les masses, et parce que la vie humaine y est trop exposée sans aucune utilité !

Dira-t-on à ce sujet qu'un homme est libre de courir au-devant de la mort, si bon lui semble ? Je répondrai qu'il ne l'est pas plus que de faire du mal. Il le peut, sans doute, mais en le faisant il manque à son devoir, parce que la vie ne nous a pas été donnée pour la risquer légèrement, sans motif grave et raisonnable. Elle a un but sérieux et chacun doit poursuivre ce but.

Je pourrais même dire que la vie ne nous appartient pas ; car elle est un don constant de Dieu, qui nous la conserve chaque jour, chaque instant, alors qu'il dépend entièrement de lui de nous la retirer.

J'ajouterai encore que tout individu faisant partie de la société se doit à elle, et ne saurait sans injustice la priver des services qu'elle est en droit d'attendre de lui.

Affronter le trépas, faire le sacrifice de son existence, par dévouement, pour sauver la vie de ses semblables, défendre son pays, comme le soldat qui, ferme à son poste, attend la mort qu'il voit venir, ou la sainte fille de Charité qui va s'asseoir sans crainte au chevet des pestiférés, cela assurément est beau, digne d'admiration, et qui le fait mérite d'être loué ; il est utile autant que généreux. Mais se hasarder en des aventures périlleuses, par forfanterie, par gloriole, par amusement ou pour tout autre vain motif, est injustifiable, inexcusable, et ne saurait être véritablement permis..

Bien entendu, cher ami, en réprouvant ces excès de témérité et d'imprudence, je ne songe nullement à condamner les exercices corporels. Il en est de nécessaires, que la nature même commande pour entretenir la santé, fortifier le corps, l'assouplir, autrement dit, pour poursuivre cette perfection à laquelle nous devons tendre ; d'autant mieux qu'en ménageant les forces et la santé du corps, l'homme entretient en même temps les forces et l'activité de l'âme, et favorise le bon usage de ses facultés.

Vous le comprenez aisément :

Instrument de l'âme, le corps doit être en état de la servir. S'il est faible, impuissant, elle est entravée dans ses fonctions. C'est par lui qu'elle communique avec le monde extérieur, qu'elle voit, qu'elle entend, qu'elle peut étudier, rechercher la vérité et aussi la transmettre quand elle la possède. C'est par lui qu'elle exerce sa volonté. S'il ne peut la seconder, elle restera inerte, s'amollira dans l'inaction, perdra son énergie et deviendra à peu près stérile ; elle souffrira même à raison de cette union si intime qui la tient au corps, tout en demeurant incapable de remplir son office. *Mens sana in corpore sano*, répétaient les anciens, un esprit sain dans un corps sain. Maxime très vraie dont nous pouvons constater l'exactitude : une âme ferme, agissante, est le plus souvent la compagne d'un corps sain et robuste, tandis qu'un corps malingre et chétif sert d'enveloppe à une âme languissante et débile.

Pour cela, il faut non seulement donner au corps ses moyens de subsistance, mais l'exercer par un travail régulier, ne pas le laisser s'engourdir dans la mollesse, et le rendre apte à faire tout ce qui exige force et dextérité. Pour cela, en outre, il importe de s'abstenir de tout excès qui diminue sa vigueur, excès de travail, excès de plaisir.

A ce sujet, cher ami, une réflexion se présente à moi : Les excès de travail, je le reconnais, sont en général moins dangereux et moins à craindre ; ils sont toutefois également à éviter, parce qu'ils sont toujours de nature à causer un trouble dans l'organisme humain, si beau mais si délicat, et par suite propres à suspendre son fonctionnement habituel. Tout en nous a été disposé avec poids et mesure par le Créateur;

chaque parcelle de notre être a son rôle, une somme de travail à fournir ; lorsque, sans discernement, nous exigeons soit du corps, soit de l'âme, plus qu'il ne peut être donné convenablement, nous les épuisons et les mettons dans l'impossibilité de produire tout ce qu'ils auraient encore à produire; de même qu'un ressort d'abord trop tendu ne peut plus jouer ou ne joue qu'imparfaitement.

Ces ménagements à l'égard de notre personne, cependant, ne sont pas incompatibles, je me hâte de le dire, avec une certaine austérité et certaines privations. Tout au contraire, à mes yeux, une austérité et des privations mesurées sont utiles et salutaires, tant pour conserver la vitalité du corps qui s'affaiblirait, si celui-ci n'était tenu en haleine, que pour empêcher l'âme, je le répète, de s'énerver dans une vie sans effort, sans labeur, et lui éviter de tomber sous le joug de la matière, laquelle, toujours satisfaite, ne voudrait pas être contrariée dans ses désirs même criminels.

Quant aux excès de plaisirs, ils sont d'autant plus à redouter qu'ils appauvrissent notre nature, la dégradent et sont contraires à l'ordre, à notre destinée qui n'est pas de jouir ici-bas, mais de mériter.

Ils appauvrissent notre nature et la dégradent, car les conséquences de ces abus ne sont pas simplement passagères ; d'ordinaire elles demeurent, et sur le visage de l'homme, dans tout son être, on peut en distinguer les traces profondes. Voyez le malheureux adonné à la boisson! Rien de plus hideux; même lorsqu'il n'est pas sous l'empire de l'alcool, il n'a plus d'humain que le nom; ses traits sont altérés et n'expriment plus aucune intelligence; ses forces sont ruinées; sa démarche incertaine; il a perdu jusqu'à sa voix !

Il en est ainsi pour quiconque se livre à des excès coupables. Dans sa physionomie, on lit quelle a été sa triste conduite, les excès du vice se distinguant aisément de ceux d'un seul travail immodéré.

Pour terminer, cher ami, je vous citerai un exemple qui m'a toujours frappé de ce fatal abus des plaisirs. Je vous en parlerai d'autant mieux que j'ai connu personnellement la malheureuse victime; je dis victime, et vous verrez que j'ai raison.

J'ai donc connu, il y a déjà quelque temps, un jeune homme appartenant à une excellente famille; il était intelligent, plein d'esprit, et à ces avantages joignait d'agréables dons physiques. Parti pour Paris afin d'y faire ses études, il n'est revenu dans son pays que plusieurs années après; mais quel changement ! Ce n'était plus un jeune homme ; c'était un vieillard sur le bord de la tombe, à moitié chauve, édenté, tout tremblant, ne pouvant plus parler ; les mots s'arrêtaient sur ses lèvres, et son regard terne et vague laissait voir que sa pensée était absente ou éteinte...

Enfin le malheureux est mort à peine âgé de trente ans.

Si indulgent que l'on soit, il me semble difficile d'excuser des excès conduisant à de tels résultats. N'est-ce pas un véritable crime ? Ne trouvez-vous pas que celui qui abuse ainsi de la vie est grandement coupable ? Il aurait pu faire du bien, beaucoup de bien peut-être, rendre d'utiles services à ses semblables, créé qu'il était pour cela, et il n'est plus capable de rien, devenu par sucroît un objet de mépris pour les autres, jusqu'à ce que la terre cache sa honte.

Assurément la majorité ne va pas aussi loin dans ses excès; mais peu ou beaucoup il en reste toujours quelque chose de fâcheux et de nuisible, parce que le désordre ne saurait rien produire de bon.

Comme conclusion donc, on ne peut trop s'abstenir de tout ce qui est opposé aux règles de tempérance que la loi divine nous prescrit avec la raison.

Pour moi, je conclus encore en vous envoyant mes plus chaudes amitiés.

Janvier 1886.

XIV.

Cher ami,

Encore une catastrophe !

Un mois s'est à peine écoulé depuis la fin tragique de ce caissier dont vous avez entendu parler, qu'un notaire des mieux posés de la région vient de se donner également la mort. Sa situation, très brillante en apparence, était en réalité fort critique ; et, d'après une lettre laissée sur son bureau pour expliquer sa conduite, l'impossibilité d'abuser plus longtemps ceux qui lui avaient confié leurs intérêts l'a porté au suicide.

Singulière solution pour lui et ses infortunés clients, en vérité !

Et malheureusement cela vient de mode. On ne

compte plus avec la vie, comme s'il était permis de s'en défaire à son gré. On oublie que Dieu seul a toute puissance sur elle, puisque c'est lui qui nous l'a donnée et nous la conserve chaque jour, et qu'en nous la donnant il nous a assigné une place dans la création avec un rôle à remplir pour l'exécution de ses desseins dont il ne saurait nous appartenir de troubler le cours.

On ne réfléchit pas que le suicide est ainsi à la fois un attentat contre les droits du Créateur, et une violation des droits de la société qu'il prive de l'un de ses membres et des services que celui-ci lui devait.

On ne se dit pas que c'est une lâcheté de se débarrasser de la vie pour éviter un ennui, une peine que le courage devrait faire surmonter ou supporter avec patience.

De tout temps, certainement, il y a eu des esprits faibles, des âmes sans vigueur cherchant dans la mort la fin de leurs souffrances, souffrances morales et physiques, souffrances vraies ou imaginaires, mais jamais le mal ne s'est produit avec autant de violence et d'étendue que depuis quelques années.

D'après les statistiques officielles, en effet, le suicide augmente chez nous, en France en particulier, d'une manière étonnante, sans aucun rapport avec la population.

Sans qu'il soit nécessaire, du reste, de consulter la statistique pour se rendre compte de l'exactitude du fait, il suffit de lire les feuilles publiques. Il n'est pas de jour que l'on n'y voie enregistrées plusieurs morts violentes et volontaires. Tantôt ce sont des hommes à l'âge mûr, tantôt des vieillards, des jeunes gens, même des enfants qui, fatigués de la vie, ont rompu avec elle.

D'où vient cette recrudescence, cher ami? La vie est-elle donc plus pénible! Qu'avons-nous à souffrir de plus qu'autrefois? Nos maux excèdent-ils nos forces ?

A cela, je ne vois qu'une cause : le mal est la conséquence des doctrines déplorables en cours à l'heure actuelle. Pour un grand nombre, le seul culte est le positivisme ; or cette religion où conduit-elle, en définitive ? A croire que tout est dans les biens et les jouissances de ce monde, que l'homme n'a qu'une chose à chercher, la satisfaction de ses passions et de ses désirs ; qu'en dehors de cette vie est le néant. Il suit de là que beaucoup de ceux qui ne peuvent parvenir à ces jouissances dont a rempli leur imagination, qui ont éprouvé des déceptions, subi des privations ou souffert quelques-uns des maux inhérents à notre nature et auxquels on ne peut se soustraire, n'ayant rien pour les soutenir au milieu de leurs peines et n'entrevoyant aucune compensation dans un autre avenir, se laissent aller au désespoir et pensent que le plus sage est d'en finir au plus tôt avec leurs misères.

Certes il est des douleurs cruelles qui déchirent

le cœur et ébranlent les âmes les plus fortes ; il est des heures dans la vie où l'âme est tellement torturée qu'elle souhaiterait de rentrer dans le néant, je le sais ; et il faut un grand courage, un courage surhumain pour se résigner. Oui ! mais le sentiment de la justice éternelle ne doit-il pas ranimer l'homme dans ces épreuves ? La pensée que plus il aura souffert ici-bas, plus il est en droit d'espérer un dédommagement de la divine Providence, doit l'aider à supporter sa douleur et à attendre avec patience la fin des jours que Dieu lui a comptés, suivant même la parole du Rédempteur :

« Bienheureux ceux qui pleurent, car ils seront consolés ! »

Ah ! mon pauvre ami, si tous ceux dont le cœur a été brisé ou la vie traversée par quelque douleur avaient cherché dans la mort la délivrance de leur peine, le monde serait bientôt près de finir ou n'existerait déjà plus ; car, qui n'a pas eu et qui n'a pas à souffrir sur cette terre ?

Peut-être me direz-vous, comme je vous l'ai entendu objecter un jour : il est des cas où le suicide s'impose en quelque sorte, parce que c'est le seul moyen d'échapper au déshonneur, et tout homme doit préférer le sacrifice de sa vie à celui de son honneur.

Mais permettez : si je reconnais avec vous que l'homme a raison de tenir à son honneur, de vouloir conserver sa réputation intacte, que c'est là un désir très légitime, il ne faut pas se méprendre sur ce qu'est cet honneur, en quoi il consiste, ni sur ce qui donne une bonne réputation.

L'honneur véritable et la réputation justement méritée ne tiennent-ils pas aux vertus, aux qualités, au devoir scrupuleusement rempli? — Pour moi, j'ai beau chercher, je ne vois pas où les trouver ailleurs, et j'estime que dès qu'un homme a commis une faute grave, sa réputation est atteinte, son honneur ruiné. Qu'il meure, qu'il vive, cela ne change en rien la chose. S'il se donne la mort, il ne verra pas le mépris de ses concitoyens pour lui, mais sa mémoire n'en sera pas plus honorée, parce qu'on ne saurait dire qu'il a agi par vertu, un reste d'orgueil l'ayant seul vaincu. S'il tenait tant à son honneur, il ne devait rien faire de nature à le compromettre.

Lorsque par malheur on a failli, il serait plus courageux d'accepter son humiliation comme un juste châtiment, et de s'efforcer de se réhabiliter en réparant le mal commis, que de fuir, par le suicide, une expiation nécessaire. Mais, convenez-en, beaucoup veulent être estimés sans essayer de le mériter, beaucoup sont jaloux d'une bonne réputation tout en faisant le contraire de ce qui la justifie.

Ajouterai-je encore, pour achever de vous convaincre, que celui qui se donne volontairement la mort, dans le but de sauver soi-disant son honneur, loin de sauvegarder cet honneur, laisse une nouvelle tache infamante à sa famille, sans compter la détresse où sa perte

peut jeter les siens ? Vous savez effectivement, et je
ne vous l'apprendrai pas, que l'on a toujours considéré comme une mauvaise note d'avoir un suicidé
parmi ses ancêtres, presque au même titre qu'un
parent mort sur l'échafaud. Cela se dit, se répète d'âge
en âge, et la flétrissure demeure.

Pour tout dire, en un mot, le suicide n'est pardon-
nable que chez le malheureux qui a perdu la raison et
n'a plus conscience de ses actes.

Bien entendu, mon vieil ami, je ne prétends pas,
moi, qu'il appartient aux hommes de se prononcer
toujours sur ce point en parfaite connaissance de
cause et sans appel. Dieu seul le peut, parce que seul
il voit au fond de l'âme, seul il est capable d'apprécier dans leur ensemble et leur exactitude les circonstances au milieu desquelles nous agissons ou
dont notre conduite dérive, et est ainsi en mesure de
discerner le degré de notre responsabilité à tous.

Je raisonne d'après les principes, laissant au Maître
souverain et infaillible le soin d'en faire l'application
suivant les conjonctures.

N'avez-vous pas changé d'avis ? Je serais heureux
si je pouvais vous amener à confesser la vérité. Dans
tous les cas, tenez pour certain que mes sentiments
pour vous sont toujours aussi sincères, je vous l'assure. Adieu.

Mars 1886.

XV.

Quelles mœurs, cher ami! et qu'allons-nous devenir si nos législateurs n'ont plus d'autres moyens pour mettre fin à leurs différents, que de les trancher par le fer?

Je reconnais que le député X..., qui a provoqué le duel auquel je fais allusion, avait été lui-même provoqué par un mot malsonnant, par une grave imputation, puisqu'on l'avait accusé, à la tribune, d'avoir manqué à la délicatesse, en abusant de sa situation pour obtenir dans une entreprise industrielle des avantages plus ou moins licites.

Mais, si cela explique, cela ne justifie pas la chose, à mon avis. C'est tout simplement retourner à la barbarie. N'est-ce pas, en effet, une coutume sauvage, féroce, celle qui porte deux hommes, deux amis de la veille, à s'égorger impitoyablement, souvent pour un motif futile?

Oh! je vous entends; vous allez me dire que je n'ai pas toujours pensé de même. J'en conviens, et quand j'avais dix-huit ou vingt ans, le duel me paraissait naturel et légitime, comme à vous; mais depuis, avec l'âge, la réflexion est venue, et aujourd'hui je ne puis y voir que sottise et crime, ne vous déplaise :

Sottise, car en supposant que l'on ait des torts à reprocher à son adversaire, on ne fait que s'exposer à un danger inutile;

Crime, parce que tout en jouant avec sa propre vie, sans raison légitime, ce qui n'est pas permis, puisque la vie n'appartient qu'à Dieu, on va au-devant d'un homicide.

Ecoutez, prenons l'hypothèse la plus favorable, c'est-à-dire celle où le provocateur du duel, gravement outragé, comme notre député X...., est poussé par le désir de défendre son honneur : Croyez-vous que dans ce combat singulier il retrouvera son honneur, s'il l'a réellement perdu, s'il a manqué à son devoir? Ne pensez-vous pas que sa faute restera et avec elle le mépris qu'elle entraîne, en admettant même qu'il tue son adversaire,—issue douteuse, car, on le voit fréquemment, il pourrait être lui-même victime de sa témérité ?

D'où dépend le succès dans un duel? De la force, de l'adresse, de l'habileté, du hasard, n'est-ce pas?

Eh bien! quoi que ce soit de cela ne prouve l'honneur, ni le remplace. On peut être très fort, très adroit, très habile dans l'art de manier une épée ou pour loger une balle en un point donné, et n'être qu'un misérable; de même que le hasard peut servir un gredin comme un honnête homme. Vous ne pouvez le nier.

D'autre part, si vous vous inclinez devant le préjugé, vous devez admettre, d'après ce préjugé, que le duel prouve et l'honneur de celui qui provoque au combat et l'honneur de celui qui accepte le défi, ou soit l'honneur de l'honnête homme outragé et l'honneur du calomniateur ou de l'insulteur, — c'est-à-dire qu'il ne prouve rien du tout.

Oui, cher ami, vous aurez beau faire, vous ne pourrez sortir de ce dilemme: ou l'homme qui se bat en duel est innocent, ou il est coupable de la faute qu'on lui impute. S'il est innocent, ce n'est pas en se faisant tuer ou en tuant son adversaire qu'il peut montrer son innocence. Quel rapport y a-t-il entre ces deux faits? — S'il est coupable, son sang ou le sang de sa victime ne saurait le laver de sa souillure; la tache demeure, parce que l'honneur n'est pas là, en dépit de la formule consacrée : « l'honneur est satisfait! »

L'honneur, et certes, ce n'est pas à vous que je l'apprendrai, l'honneur consiste à être fidèle à son devoir, à sa foi, à ses amis, à ne point les trahir, et celui-là seul dont la conscience est intacte, mérite l'estime et la considération publiques.

Pour moi, cher ami, je crois tenir à mon honneur, autant que personne; mais, s'il m'arrivait de commet-

tre une action infâme, je ne penserais pas me réhabiliter en donnant la mort à un autre homme. Ma
conscience ne verrait là qu'un nouveau crime, un
assassinat, et je craindrais d'avoir toujours devant les
yeux le cadavre de ma victime, avec le désespoir et
peut-être la misère de ses pauvres enfants.

Je ne pense pas non plus qu'une balle reçue dans la
poitrine referait de moi un honnête homme.

Me direz-vous, encore, que c'est faire preuve de courage et de bravoure qu'affronter la mort? — D'abord,
le courage d'un homme qui se bat en duel est rarement
en question ; ensuite, le courage n'est digne de ce nom
et n'est une vertu que lorsqu'il est mis au service d'une
cause noble et légitime. Et, après tout, si vous avez été
injustement offensé, n'y a-t-il pas plus de courage à
dédaigner ou à supporter cette offense injuste qu'à
assouvir une basse vengeance?

La vengeance, un des plus mauvais sentiments du
cœur humain, auquel il n'est pas permis de se laisser
aller, c'est bien là, en effet, ce qui inspire le duel; et
des esprits faussés, dominés par l'orgueil, ont seuls pu
voir la réparation équitable d'un outrage dans un
crime que repoussent et condamnent la loi divine et la
loi humaine, ainsi qu'une sage raison, et faire du duel
une règle de conduite inflexible.

Aux yeux de quelques-uns, de beaucoup même, je
ne l'ignore pas, la vengeance est justice et par suite on

ne saurait la condamner; mais c'est une erreur : s'il est juste que celui qui a commis une faute soit puni pour cette faute, il ne peut appartenir à l'offensé de frapper lui-même le coupable, parce que, naturellement enclin, suivant la règle, à s'exagérer l'injure ou le préjudice à lui causé, il serait porté à une sévérité excessive, à une répression dépassant la mesure voulue :

Vous avez deux lutteurs en présence, prêts à en venir aux mains, tracez entre eux une ligne de démarcation, et défendez-leur de la franchir, pendant qu'ils seront aux prises. Serez-vous écouté ? N'est-il pas certain que les combattants iront tour à tour au delà de la limite fixée, empiétant tantôt l'un, tantôt l'autre, sur le terrain de l'adversaire ?

Ainsi en est-il de la lutte que nous soutenons pour nos intérêts et nos droits. Il est rare, très rare, que notre ardeur ne nous emporte pas loin des bornes de la justice.

J'ai vu cette comparaison quelque part et elle m'a paru fort exacte.

Allons! cher ami, soyez sincère, comme toujours, et dites-moi si j'ai tort de protester contre cet usage barbare; dites-moi si ma critique n'est pas sérieuse.

Vous ne le pourrez, j'en suis convaincu. Pardonnez-moi cette petite prétention; et vous avouerez que tout homme de bon sens est obligé d'y souscrire lorsque la passion ne l'aveugle pas. Puis, car il faut être logique jusqu'au bout, vous conviendrez que nul ne saurait violer le précepte qui nous enjoint de respecter notre propre vie aussi bien que celle de tout autre homme, sans se rendre gravement coupable et mériter un sévère châtiment.

J'excepte, évidemment, le cas où, injustement menacé dans son existence, on n'a, pour se défendre contre son agresseur et se délivrer de lui, d'autre moyen que de le frapper lui-même. Vie pour vie, il n'y a pas à choisir avec celle d'un malfaiteur.

Qu'en ce monde une telle faute reste ou puisse rester impunie, cela se conçoit encore, parce que la justice humaine est incapable de tout atteindre; mais nous ne devons pas oublier que rien n'échappe au Juge suprême, qui voit tout, sait tout et a toute puissance, « que l'on n'apaise point par des présents, qui ne « reçoit point d'excuses, mais juge selon la justice. »

Si, cependant, je me suis fait illusion, cher ami, si mes raisons ne sont point parvenues à vous convaincre, je le regretterai; mais je conserverai la ferme assurance que cette divergence d'opinion, quoique grave, ne refroidira pas notre vieille amitié et ne nous mettra pas le fer en main. Je connais trop votre aménité pour cela.

Votre toujours profondément dévoué.

XVI.

Assurément, cher ami, vous aviez l'humeur noire, en m'écrivant ; vous étiez encore sous l'impression pénible que vous avait causée le triste tableau, dont vous me parlez, des misères de toutes sortes auxquelles une partie de la population des grandes villes est exposée.

A cette sombre peinture de votre Revue, poussé par votre sensibilité extrême, sans trop réfléchir peut-être, contre votre habitude, vous vous êtes laissé aller à penser que ceux-là n'ont pas bien tort qui maudissent la société et s'écrient : pourquoi tant d'inégalités dans les conditions de la vie, si tous les hommes sont égaux ? pourquoi la prospérité d'un côté et tant de douleurs de l'autre ? Est-ce justice ? Est-ce là l'avantage que l'homme peut trouver à vivre avec ses semblables ? Ne serait-il pas plus heureux, seul, sans obligation, sans dépendance vis-à-vis des autres ? sans exigences à satisfaire, sans contradiction à subir ?...

Mais, inutile, cher ami, de vous rappeler toutes ces imprécations. Faisons seulement ensemble quelques courtes réflexions ; elles seront propres, je crois, à adoucir l'amertume de vos sentiments et à calmer votre peine.

Je ne nie pas que l'homme ne rencontre pas toujours dans son rapprochement avec ses semblables les charmes, les agréments qu'il peut rêver ; je reconnais même volontiers que leur contact est souvent pour lui une occasion de douleurs, mais n'y trouve-t-il jamais aucun bien en retour ? — Croyez-vous, au surplus, qu'il pourrait vivre seul, isolé ? Sa constitution ne démontre-t-elle pas qu'il est fait pour demeurer en société ?

Seul, il serait trop faible pour lutter contre les forces de la nature, et ne pourrait se suffire pour satisfaire aux besoins de son existence. Sa nourriture, ses vêtements, il est parfois obligé de les chercher au loin ; réduit à ses propres moyens, il n'y parviendrait pas le plus souvent. Songez-y, cher ami : Après sa naissance, durant ses premières années, comment se soutiendrait-il ? comment subsisterait-il détaché de ses parents ? C'est d'eux qu'il reçoit ses aliments, qu'il apprend à marcher, à faire usage de ses mains. La famille lui est donc nécessaire ; or la famille n'est qu'une première société formée par le Créateur lui-même.

Plus tard, si l'homme, sorti de l'enfance, est capable

de prendre sa nourriture de ses propres mains, s'il peut utiliser ses bras, marcher sans être soutenu, il n'en reste pas moins dans un état complet de faiblesse relative, qui le contraint encore à s'unir ou à rester uni à ses pareils, pour se défendre plus sûrement, avec leur concours, contre les dangers le menaçant, et repousser les agressions d'êtres plus robustes et plus audacieux que lui.

Sa vie intellectuelle même demande ce rapprochement : les hommes s'intruisent, s'éclairent mutuellement ; ce que l'un sait, il l'enseigne aux autres, et, en retour, il apprend d'eux ce qu'il ignore, car nul n'apporte toute science en naissant. Sans éducation, chacun de nous resterait profondément ignorant jusqu'à la fin de ses jours ; à peine découvrirait-il par l'expérience, et parfois une cruelle expérience, quelques notions plus ou moins vagues, plus ou moins complètes sur les objets environnants.

Notez ici, cher ami, que cette dépendance de l'homme vis-à-vis de ses semblables établit entre lui et l'animal une singulière différence ; car l'animal n'a pas besoin d'un long apprentissage pour se former à l'existence ; son éducation est rapidement faite, comparée à la nôtre. A peine né, pour ainsi dire, il peut se séparer et il se sépare d'ordinaire de ses parents, dont les soins lui sont inutiles, et, dans le cours de sa vie, il n'est pas contraint de recourir à ses congénères pour se procurer ce qui lui est nécessaire.

Comment expliquer cela ?

Si Dieu, qui s'est montré plein de bonté pour l'homme, vous le savez, qui l'a pétri avec tant d'attention, l'a comblé de dons si magnifiques et l'a placé au-dessus de tous les êtres sur la terre ; si Dieu, dis-je, a fait l'homme ainsi dépendant, l'a créé dans cette infériorité apparente, prétendrez-vous que c'est sans motif ? N'est-ce pas plutôt parce qu'il l'a véritablement destiné à vivre en société ?

Continuons ! S'il en était autrement, à quoi nous servirait la voix, la parole, cet admirable instrument qui nous permet de reproduire pour les autres, sous une forme tangible, toutes nos pensées et nos sentiments les plus secrets ; de leur transmettre ce que nous savons, comme de recevoir d'eux, en échange, une part des biens intellectuels qui leur ont été départis en propre ?

Ce don du Créateur est à mes yeux une preuve irréfragable que les hommes ont été appelés, dès le principe, par leur nature même, à une vie commune, et ne se sont pas associés en vertu d'un contrat, comme quelques-uns l'ont imaginé, — contrat qui supposerait d'ailleurs une réunion antérieure.

Non, nous ne sommes point formés pour la solitude, et cela est si vrai que toute solitude nous pèse et que les plus beaux spectacles de la nature nous paraissent bientôt tristes, lorsqu'ils ne sont pas animés par la présence d'un être humain ; surtout si nous n'élevons pas notre regard vers Dieu, qui, lui, est partout, dont chaque objet révèle et atteste les perfections infinies, et qui nous parle au dedans de nous d'une manière intime, lorsque nous voulons bien l'écouter.

« . . . . .La raison, d'ordinaire,
« N'habite pas longtemps chez les gens séquestrés. »

Vous ne l'avez pas oublié.

De ce que nous sommes ainsi appelés à vivre en société, il suit, cher ami, que malgré notre commune origine à tous, malgré l'égalité de notre nature, — je dis égalité de notre nature, puisque nous avons tous un corps et une âme, — il ne saurait y avoir égalité dans les conditions.

De même, en effet, que tous les membres du corps, qui ont une même vie ou participent à une même vie, ne sont pas constitués d'une manière uniforme et sont plus ou moins dépendants les uns des autres, parce qu'ils ont à remplir des fonctions différentes ; de même les hommes ayant à s'acquitter dans la société d'offices divers, attendu l'impossibilité manifeste pour chaque individu de tout faire, même en vue de suffire à sa seule existence, on conçoit qu'ils aient aussi des aptitudes variées sans que cela nuise à leur entité.

Et d'abord, ne faut-il pas gouverner le corps social, y maintenir l'ordre ? Ne faut-il pas veiller à

ses besoins, assurer sa défense, punir les malfaiteurs
faire exécuter les travaux d'utilité générale ?...

Un seul ne peut tout cela ; à des degrés multiples
cette œuvre exige le concours d'un plus ou moin
grand nombre de personnes, et, pour que l'exécution s
fasse avec harmonie, il faut qu'un chef dirige et com
mande, tandis que les autres obéissent. Si chacun vou
lait agir à sa guise et travailler de son côté, sans suite
on ne saurait imaginer la confusion qui en sortirait
Vous me comprenez ; je n'insiste pas. C'est là une lo
nécessaire devant laquelle la raison s'incline.

En créant l'univers, afin de maintenir un just
équilibre dans toutes ses parties, Dieu lui a donn
une loi, la loi du mouvement régulier. Il devait fair
de même pour le monde moral, formé de l'ensembl
des hommes ; il devait, à peine de voir son œuvr
aussitôt détruite, poser les principes propres à sa cor
servation, dans la loi qu'il nous a dictée et dont nou
parlions un jour. La hiérarchie est un de ces principe

A un autre point de vue, même inégalité obligée
L'homme, pour vivre, a besoin chaque jour de pain, e
d'autres termes d'une nourriture sans cesse renou
velée ; il a également besoin d'un abri pour se défer
dre contre l'intempérie des saisons, de vêtements pou
se couvrir et se garantir tantôt du chaud, tantôt d
froid ; de chaussures pour protéger ses pieds contre l

ronces et les cailloux du chemin, etc., etc. ; mais le pain ne vient pas tout seul ; il faut préparer le blé et la farine qui servent à le faire, c'est-à-dire labourer, semer, moissonner, moudre, pétrir... ; — pour avoir un abri, une maison, il faut bâtir, et, si simple, si modeste que doive être cette maison, il faut premièrement en réunir les matériaux, rassembler les pierres, la chaux, le plâtre ; tailler les poutres, préparer les tuiles, les ardoises, les planches destinées aux portes, aux fenêtres, etc. ; — pour faire un vêtement, il importe avant tout de recueillir la laine, le lin ou le coton nécessaires ; de les filer, de les tisser, etc., etc. Je ne poursuis pas l'énumération, cher ami ; vous savez ce qui est à faire et la peine que tout cela demande.

Or, dites-moi, quel est celui qui seul, et pour lui seul, serait capable de tant de choses? Nul, n'est ce pas? Voilà donc pourquoi les uns sont laboureurs, d'autres fariniers, d'autres boulangers, d'autres maçons, charpentiers, menuisiers, serruriers, tisserands, tailleurs..., suivant leur goût et leurs aptitudes. Voilà aussi pourquoi il y a des médecins, des avocats, des marchands, etc. Voilà pourquoi, en un mot, dans la société, mille conditions différentes qui entraînent avec elles des différences de fortune et supposent aussi des différences d'intelligence, de talent, malgré notre égalité d'origine.

Ce sont là des *accidents* qui, entrant évidemment dans les vues du Créateur pour l'accomplissement de ses desseins, donnent en même temps par la variété plus de charmes à l'unité, sans modifier l'essence de la nature humaine.

Je pourrais ajouter ici que quelques-uns de ces *accidents* se justifient encore par des causes fort simples, dérivées des milieux où nous vivons, ou tirées de notre propre fonds, comme la liberté qui dirige nos actions, lesquelles à leur tour exercent une influence indiscutable sur tout notre être moral et physique.

Je n'ai pas la pensée d'approfondir ce sujet, mais, par exemple, ne voyons-nous pas, en général, la fortune se gagner par le travail, la supériorité du mérite et du talent se conquérir et se conserver par un labeur et des efforts soutenus ; tandis que le plus souvent la misère est uniquement le résultat de l'incurie, de l'imprévoyance, de la dissipation ou de la paresse de ceux qui en souffrent, si ce n'est de leurs parents ? Ne savons-nous pas que si tant de malheureux végètent dans les bas-fonds de la société, c'est grâce à leur indolence et à leur fainéantise, ou grâce encore à des vices pires ?

Que d'exemples, je pourrais vous rappeler à l'appui de cette vérité! Toutefois, à quoi bon, cher ami? Vous n'êtes pas sans connaître la vie, et il vous a été donné en mille circonstances de juger par vous-même que l'homme est habituellement le propre artisan de son bonheur ou de son malheur, et que dans tous les cas il y contribue singulièrement. Oui, vous en connaissez autant que moi de ces jeunes gens qui, admirablement doués sous le rapport de l'intelligence, en sont arrivés, par leur seule faute, à traîner péniblement une misérable existence, incapables de rendre le moindre service aux autres, et inutiles à eux-mêmes. Vous en connaissez également qui, à vingt ans à peine, se sont trouvés à la tête d'une immense fortune et qui, après quatre ou cinq années, ayant tout dissipé en prodigalités et folies, ont été contraints de demander à un travail presque humiliant leur pain de chaque jour.

Je ne m'arrêterai donc pas à vous faire une démonstration là-dessus ; vous en savez aussi long que moi sur ce point, sinon plus.

De mes idées exposées, je déduis seulement, en me résumant, que se récrier contre l'inégalité des conditions, et en faire un crime à la société, est contraire à la raison et souvent une injustice.

Sommes-nous d'accord ?

Nous avons vu que la subordination, à divers degrés, des membres de la société à un supérieur, d'où découle l'inégalité des conditions, est un principe nécessaire à l'existence et au salut de la société. Mais tout n'est pas dans ce principe. Notre loi en renferme d'autres non moins importants. Je serais bien aise de vous en dire rapidement quelques mots, pour compléter ma pensée sur cette question; la crainte d'être interminable, cependant, m'engage à remettre à un autre jour.

En attendant, ne m'oubliez pas, très cher, et croyez toujours à mon inaltérable affection.

XVII.

Mon cher ami,

Vous êtes désireux de connaître mes dernières réflexions sur la grande loi sociale que je vous rappelais naguère. Eh bien! les graves événements qui viennent de se passer près de nous; ces ouvriers en révolte contre l'autorité, n'écoutant plus que leurs passions farouches et se portant à des crimes horribles ; ces symptômes d'anarchie, en un mot, en confirmant ce que je vous ai déjà exprimé, vous ont fait entendre, en quelque sorte, ma réponse. C'est que cette loi qui doit parler à tout homme, et le soumettre à ses commandements pour le bien de tous, ne saurait être la voix des passions, ni celle de l'intérêt personnel.

Nos passions ne peuvent nous servir de règle,

parce qu'elles sont contraires au bien et à la stabilité de la société : Ce que la passion de l'un approuve, la passion de l'autre le condamne; et c'est de cette contradiction que viennent toujours la guerre et les dissensions.

Dira-t-on que les passions sont légitimes, comme filles de la nature? — Quelques-unes, il est vrai, nous ont été données par Celui qui nous a créés, telles, la passion de la justice, la passion de la vérité, — à ce titre on peut les dire légitimes; — mais la plupart ne sont que l'effet de notre nature désordonnée, viciée par le mauvais usage que nous avons fait de la liberté. Il est du reste facile de se convaincre que toutes n'ont pas le même principe! Considérez, par exemple, un homme sous l'empire d'une vive émotion ou de l'ivresse : il n'a certes pas les mêmes sentiments, les mêmes passions que lorsqu'il est en possession de lui-même, dans son état normal!

Les seules passions dont il soit permis d'écouter la voix, sont celles que la raison, calme et réfléchie, ne réprouve pas.

Quant à l'intérêt, on ne peut davantage suivre exclusivement sa loi; car, comme les passions, les intérêts sont ennemis; et, de par la sagesse, c'est l'intérêt général qui doit dominer, même pour notre propre avantage particulier. Si chacun voulait faire prévaloir son intérêt personnel sur l'intérêt de tous, les hommes seraient en lutte perpétuelle, et le mal commun retomberait sur chaque individu, privé qu'il serait du bien que son union avec les autres devait lui procurer; la société croulerait.

Voyons : des pêcheurs sont sur un lac, ils ont devant eux un grand filet, plein de poissons, si plein qu'ils ne pourraient qu'avec peine, en réunissant leurs efforts, l'amener sur le rivage. Mais chacun d'eux tient à conserver cette riche proie pour lui seul; il essaie donc de tirer le filet à lui; ses forces, contrariées par un double obstacle, s'épuisent en vain; le filet demeure en place et le produit de la pêche est perdu, perdu pour tous.

Si, moins égoïstes et moins cupides, ils avaient tous travaillé de concert pour se partager ensuite le butin, leur profit eût été plus assuré.

N'est-ce pas là, cher ami, une image des conditions de la vie sociale ?

Aussi, ce qu'impose cette loi relative et nécessaire à la conservation de la société, la saine raison qui en est l'écho nous le fait suffisamment entendre.

Elle nous oblige à respecter nos semblables pour qu'ils nous respectent eux-mêmes; elle nous défend de porter atteinte à leurs droits légitimes, si nous voulons que les nôtres leur soient également sacrés.

Respecter nos semblables!

Où en serions-nous, si tous les hommes pouvaient

s'entr'égorger librement? La société n'aurait-elle pas depuis longtemps disparu?... — En dehors de cette question du salut général, je n'ajouterai pas, ayant eu occasion de vous le dire, si j'ai bonne mémoire, qu'il ne nous est pas permis non plus d'user de violence envers personne, ni d'ôter la vie à quiconque, par le motif que ce droit ne nous appartient pas, en ce qui nous touche nous-mêmes, Dieu seul, auteur de la vie, en étant le maître souverain.

Comme conséquence rigoureuse de cette première règle, il doit être interdit de rien faire qui puisse tendre indirectement au même résultat.

Veiller à ce que nos actes, même les plus simples, ne causent nul tort à autrui, tel est notre devoir. Vous savez cela, cher ami; votre conscience sévère vous l'a appris; aussi je ne fais que vous l'énoncer.

Mais, si nous sommes attaqués injustement, ne pouvons-nous pas repousser la violence par la violence? Notre résistance n'est-elle pas légitime, de droit naturel? et qui agirait ainsi serait-il coupable aux yeux de Dieu?

Dans ce cas, encore, vous penserez, avec moi, j'en suis convaincu, que la violence n'est excusable et légitime que si elle est nécessaire. La défense ne doit pas excéder l'agression; au delà, elle devient elle-même agression ou vengeance, et tuer un homme, dont on pourrait détourner autrement les coups, reste un

mourtre répréhensible. A plus forte raison, serons-
nous moins autorisés à tremper la main dans le sang
d'un de nos frères pour obtenir, suivant l'expression
usitée, la réparation d'une injure, quelque grave qu'elle
soit. Je vous ai expliqué, un jour, à cet égard, ce qu'il
faut penser de cette odieuse coutume du duel; je n'y
reviendrai pas.

Vous allez peut-être me faire une objection : « Et
la peine de mort, n'est-elle point légitime? »

C'est là, cher ami, j'en conviens, une grave question,
à propos de laquelle on a écrit de nombreuses pages
pour et contre. N'attendez pas, cependant, que je vous
développe, dans cette correspondance, tous les arguments qui s'y rattachent. Voici, en quelques mots, ce
qui l'explique et la justifie :

Dieu seul est maître de la vie, je le redis ; seul donc
il a en principe le droit de l'ôter; mais ce droit, il
peut le transmettre ou le déléguer, et il l'a transmis
effectivement, dans un intérêt général, à ceux qui,
investis de l'autorité publique, dont il est le principe,
ont reçu mission de conduire les hommes réunis en
société, dans la voie de la justice et du bien. Ministres
de Dieu, les représentants de la souveraineté peuvent
punir de mort les misérables dont les crimes mettent
la société en péril. Dans leur devoir est leur droit.

Remarquez, à ce sujet, que de tout temps, laissant
de côté l'abus qui en a été fait, ce châtiment a été jugé

nécessaire pour expier certaines fautes, et regardé comme le seul moyen capable d'arrêter les criminels.

Aucun autre, quelle qu'en soit la durée, n'aura la même efficacité; c'est l'expérience de tous les jours ; et la preuve en est dans la joie même de ceux qui, après avoir été condamnés à mort, ont vu leur peine commuée en celle des travaux forcés à perpétuité.

M'opposerez-vous le sentiment des philanthropes, qui réprouvent ce supplice au nom de l'humanité ?

Fausse pitié! Avec leur compassion, ne se montrent-ils pas injustes et cruels à l'égard de tous les malheureux qu'ils abandonnent à la merci des malfaiteurs? — On ne songe pas à épargner les animaux féroces dont on redoute les attaques. Eh bien ! pour la société, les malfaiteurs ne sont-ils pas des animaux féroces?

Quant à la guerre admise, en général, que dire?

Entreprise pour venger une injure de nation à nation et assurer ainsi l'indépendance d'un peuple par la crainte, lorsqu'elle ne l'est pas pour défendre les droits de ce peuple ou repousser une invasion ennemie, elle puise sa légitimité dans la nécessité. Mais elle n'est plus licite dès qu'elle est sans cause juste, ou conduite contrairement aux règles établies en cette matière. Elle est réputée légitime, parce que les nations n'ont sur la terre aucune autorité supérieure qui leur rende justice ; il faut que les peuples se défendent et se protègent eux-mêmes contre ceux qui seraient tentés de sortir de leur propre droit.

Respecter l'homme dans son être, c'est un grand point, cher ami, mais il importe également de ne pas lui faire violence dans ce qui lui appartient, de ne pas le troubler dans l'exercice de ses prérogatives ou la possession de ses biens.

Nous n'avons qu'à consulter notre nature pour reconnaître que notre plus grand stimulant pour le travail, en général, c'est la possibilité de conserver ce que nous obtenons par nos efforts ou d'en disposer librement, autrement dit, le droit de propriété. Or, comme le bien de la société résulte des efforts individuels, il suit qu'elle est grandement intéressée à ce que rien ne contrarie ce stimulant, partant, à ce que toute propriété, justement fondée, soit sauvegardée.

La propriété est véritablement chose si naturelle que nous en avons le sentiment dès notre plus tendre enfance. A peine commençons-nous à bégayer que nous revendiquons ce qui nous appartient ou ce que nous croyons nous appartenir; et, comme le fait observer un économiste, J. Garnier, « on trouve la propriété à l'origine de toutes les peuplades; partout on voit l'homme s'approprier tout ce qui est nécessaire et ce qu'il produit, d'abord son arc et ses flèches, puis sa cahute, et plus tard sa maison, son jardin, sa terre. »

L'homme, envisagé dans sa personne même, n'est-il pas encore la preuve vivante que la propriété est dans l'ordre des choses établies par le Créateur? Ses facultés, son intelligence, ses diverses aptitudes sont bien à lui, lui appartiennent en propre. Dès lors, le travail n'étant que l'exercice ou la mise en œuvre des facultés humaines, son produit est le fruit de l'homme, et l'on ne saurait, sans injustice, contester à ce dernier le droit d'user comme il l'entend de ce qu'il a ainsi acquis (sous la réserve de ne pas l'employer à nuire aux autres), de le conserver, le donner, l'échanger, le transmettre à ses proches.

Pouvoir amasser, pour donner et transmettre à ses enfants, c'est encore là une condition d'existence de la famille qui réagit sur la société. Si l'homme ne travaillait que pour lui, c'est-à-dire s'il ne pouvait assurer aux siens les bénéfices de son labeur, non seulement il travaillerait peu, mais ses enfants étant exposés, par sa mort prématurée, à demeurer seuls, sans ressources, dans un âge où il leur serait impossible de se suffire, voudrait-il constituer une famille dont l'avenir serait livré à une telle incertitude?

Le jour où le droit de propriété ne serait plus reconnu ni garanti, il n'y aurait plus de société possible, parce que, plus de travail, plus d'efforts, plus de production, et, comme conséquence, la mort ou la vie sauvage des bêtes fauves se disputant sans cesse leur proie. Le jour où la propriété des facultés, la propriété personnelle ne serait plus respectée, l'homme ferait place à la brute; n'en déplaise à ceux qui prétendent que la propriété est un vol et réclament le partage de tous les biens.

Partager tous les biens, c'est bon pour qui n'a rien à donner en partage; mais, demandez même au mendiant de partager sa besace, et vous verrez comme il vous recevra.

Voilà, cher ami, une assez longue digression sur le droit de propriété dont vous n'avez que faire, n'ayant jamais eu, vous, l'idée de contester ce principe, et je crains que mon verbiage ne vous ait paru ennuyeux. Je me suis laissé aller au courant de la plume, en songeant combien d'autres le nient ou le méconnaissent et le dénaturent, combien peu se font scrupule, tout en étant jaloux de ce qu'ils possèdent, de mettre la main sur ce qui ne leur appartient pas, par tous les moyens que la violence ou la ruse leur fournissent.

Je serais presque tenté de déchirer ma lettre; une pensée me retient; c'est qu'après tout, si ma prose ne vous procure aucun agrément, il vous sera loisible de la laisser de côté, sans poursuivre, et que votre amitié, j'en suis convaincu, aura encore assez d'indulgence pour excuser l'importun qui ose toujours se dire votre plus fidèle et plus dévoué.

Mai 1886.

XVIII.

Bien cher ami,

A propos de l'incident qui a mis en évidence, plus qu'il ne fallait, un personnage dont je n'ai pas à vous redire le nom, vous me témoignez votre profond dégoût pour la manière dont certaines gens usent et abusent de la presse. Ces insinuations malveillantes, ces médisances, ces calomnies contre l'un, contre l'autre, ces excitations au trouble et à la discorde, et plus encore ces théories absurdes et criminelles, ce dévergondage de paroles et, pour dire le mot, ces obscénités qui s'étalent tout au long, depuis quelque temps surtout, dans nos feuilles publiques, vous blessent cruellement. Votre honnêteté et votre droiture ne peuvent concevoir que, sous prétexte de liberté, on tolère semblables choses, qu'il soit permis de ternir la réputation de tout homme, inquiéter les honnêtes gens qui sont en paix, se jouer de la vérité, offenser la vertu et l'exposer à tant de périls...

Certes, cher ami, jamais nous n'avons été plus d'accord, et, tout en admettant, pour ma part, qu'un homme qui affronte la vie publique se soumet par là même à la critique et à une critique sévère, il me répugne de voir, pour le moindre motif, couvrir de boue, tantôt celui-ci, tantôt celui-là, rappeler à chacun ses fautes, ses écarts (lorsqu'on ne les invente pas), et signaler sa vie à la malignité publique.

Qui donc peut y être autorisé ?

Notre réputation n'est-elle pas le bien le plus précieux auquel toute notre existence est liée ?

Ce qui fait l'homme vraiment, c'est l'âme. C'est par l'âme qu'il est supérieur aux autres créatures de la terre, l'image de Dieu même. C'est par l'âme qu'il est grand, quand il est vertueux ; mais c'est par l'âme aussi qu'il est petit et vil, lorsqu'en lui le vice remplace la vertu. Aussi, à part quelques exceptions, l'homme, même pervers, nous le savons tous, tient à paraître honnête et juste, regardant comme une peine d'être estimé au-dessous de ses frères, d'autant que souvent il ne peut que suivant ce qu'on l'estime ; s'il n'a pas le courage de rester fidèle au devoir pour le devoir lui-même, il s'efforce de cacher ses fautes ; s'il ne rougit pas du vice, il rougit du déshonneur, comme le dit Vauvenargues.

Evidemment, je ne parle pas de ceux qui mettent leur gloire à se surpasser dans le crime; il en est de ceux-là, il en est qui cherchent et trouvent l'honneur dans la honte; mais c'est l'exception, et d'ordinaire, encore une fois, l'homme est jaloux d'une bonne réputation.

C'est donc pour lui un bien, je redis le mot, qu'il n'appartient à personne, en principe, de lui ravir. — De quel droit enlèverions-nous à un autre ce que nous ne voulons pas qu'on nous enlève à nous-même? — La raison le proclame au nom de la justice et de l'intérêt social.

C'est en conséquence de ces mêmes principes que la paix, la liberté, quand elle ne tend pas au mal, la vérité, la vertu veulent être aussi ménagées.

La liberté! n'est-elle pas nécessaire à l'homme pour remplir son devoir et parvenir à sa fin, soit ici-bas, soit au delà de cette vie?

Elle est dès lors un droit qu'il possède.

Que cette liberté soit supprimée ou enchaînée, non seulement celui qui est victime d'une telle violence souffre de l'injustice, mais la société tout entière en subit le contre-coup, parce qu'il lui importe, pour demeurer dans l'ordre et prospérer, que chacun fasse son devoir.

Une comparaison, cher ami :

Lorsque chacun des organes de notre corps fonctionne régulièrement, tout est bien, et nous sommes en parfaite santé; mais si, pour une cause ou pour l'autre, un seul d'entre eux éprouve quelque gêne, aussitôt l'ensemble de l'individu s'en ressent, un malaise général se fait sentir, suivi parfois d'une grave maladie, si ce n'est de la mort.

De même doit-il en être de la société, ce grand corps formé de la réunion, du rapprochement de tous les hommes.

La vérité! c'est la lumière qui nous éclaire, le guide qui nous conduit; elle doit, par conséquent, luire pour tous, puisque tous nous avons le même chemin à parcourir. — L'obscurcir aux yeux de quelques-uns de ses semblables, c'est nuire à tous et se nuire à soi-même, car les erreurs qui en sont la conséquence font commettre des fautes, et les fautes ont pour ainsi dire des suites sans fin, comme la tache d'huile qui, altérant d'abord la partie du vêtement où elle a pris naissance, étend progressivement ses ravages au delà. Dieu, d'ailleurs, après tout, ne nous a point donné la parole et l'intelligence pour mentir et tromper.

Si cela est indiscutable lorsqu'il s'agit des principes sur lesquels repose le monde et s'appuie notre destinée, il est tout aussi certain que l'on ne saurait mieux justifier le mépris de la vérité dans nos simples relations de chaque jour. — Outre que trahir la vérité, c'est offenser la Divinité elle-même, dont elle est l'émanation, la confiance n'est-elle pas indispensable aux rapports des hommes entre eux, et cette confiance serait-elle possible s'il était permis de se tromper les uns les autres? — Pour cette double raison, la fraude et le mensonge, employés à notre égard, ne peuvent même nous autoriser à user de réciprocité. Sans doute, qui trompe mériterait d'être trompé; mais la vérité a des droits supérieurs, et en aucune façon nous ne devons nous écarter du respect qui lui est dû; puis, les autres hommes nous voyant manquer à la loyauté seraient fondés à se méfier de nous, à craindre que nous les abusions également : Vous le savez, quiconque a menti a cessé d'être cru.

La vertu, pas plus que la vérité, nous ne sommes en droit de l'offenser et de lui tendre des embûches.

La vertu! c'est l'âme faisant le bien; c'est le devoir accompli.

S'il nous est nécessaire à chacun de remplir notre devoir, pour n'avoir pas à subir la peine de notre faute et voir retomber sur nous les effets du désordre qui en serait le résultat inévitable, la société, de son côté, doit être d'autant plus en sécurité que ses membres seront restés plus fidèles à observer ce qui leur est prescrit à tous, dans un intérêt commun, je viens de le dire.

Du reste, il faut bien aussi nous persuader que tout

mal, provoqué par notre exemple ou notre langage, demeure sous notre responsabilité. — Ce principe est si certain, si naturel, que la loi humaine, quelque imparfaite qu'elle soit, le proclame et le sanctionne en punissant du même châtiment qu'elle inflige à l'auteur d'un crime celui qui l'a conseillé.

La paix! qu'est-ce autre chose que l'harmonie parfaite entre toutes les parties d'un même tout? qu'est-ce autre chose que l'ordre, d'après saint Augustin lui-même, ce grand docteur?

Un Etat n'est-il pas en paix, en effet, lorsque tout y procède avec ordre, chacun se maintenant dans son rôle et ses attributions; que l'autorité et ses décrets sont respectés comme ils doivent l'être; que celui qui doit commander commande et que celui qui doit obéir obéit?

Par suite, troubler cette paix en suscitant des dissensions, ou fomentant la haine, c'est, par le renversement de l'ordre dont elle a besoin pour poursuivre sa marche, causer un véritable dommage à la société.

Le bien, la liberté, la vérité, la vertu, la paix, l'ordre, la société, l'individu, comme tout s'enchaîne, et comme nous voyons par là, en même temps que la sagesse, l'unité de la loi sublime qui domine notre monde moral.

Mais à quoi bon toutes ces considérations, cher ami? Tout ce que je vous dis là n'est qu'un écho affaibli de ce que vous m'écriviez vous-même dans votre légitime indignation. Aussi je m'arrête. Retenez seulement que si je vous suis uni par des sentiments conformes aux vôtres sur ces questions, je le suis encore plus par ma sympathie pour votre si excellente personne.

XIX.

Mon cher ami,

Dans mes dernières lettres, j'ai été amené à vous dire quelques mots de l'autorité et de la liberté; à ce sujet, vous voulez bien me faire observer que les esprits ne s'entendent guère sur les principes auxquels ces idées se rattachent, et que, pour beaucoup, notamment, il y a opposition entre l'autorité et la liberté.

Cela est vrai, cher ami; je ne l'ignore pas; mais, il me semble qu'avec un peu de réflexion, si surtout on faisait taire la passion, on se mettrait d'accord et on concilierait également la liberté et l'autorité.

Ainsi, examinons, d'une manière sommaire, le pourquoi et le comment des choses :

Les hommes, nous le savons, sont faits pour vivre en société, puisqu'ils ont besoin de s'aider, de se soutenir, de se défendre mutuellement. Mais la société ne saurait subsister sans une organisation permettant de faire usage, dans l'intérêt de tous, des forces morales et physiques mises en commun; elle ne saurait se maintenir sans une direction générale appliquée au bien de la masse.

Si chacun pouvait agir pour son seul compte, sans souci des autres, il y aurait sans cesse des rivalités, guerre entre tous, les uns et les autres convoitant souvent le même objet, ce qui est incompatible avec l'union qui est le but même de l'association humaine.

Si chacun était maître de se conduire, en tout et pour tout, d'après sa propre manière de voir, de se gouverner à sa tête, la société serait-elle possible? N'y aurait-il pas autant d'avis que d'individus. — *Tot capita, tot sententiæ?* — D'où le désordre le plus absolu qui se puisse imaginer.

De là s'est formé l'Etat, d'après les vues mêmes du Créateur, la raison nous l'indique, l'Etat concentrant les forces privées pour les faire servir aux besoins communs, à la sécurité générale, pour maintenir la paix et la justice; de là, le gouvernement dirigeant, conduisant ou devant conduire les hommes vers le bien auquel ils aspirent.

Ici, j'ouvre une parenthèse : Si l'humanité avait été plus restreinte qu'elle ne l'est, un seul gouvernement aurait pu suffire pour tous les hommes; mais, à raison de sa dispersion sur la terre et de l'étendue du globe, à raison de l'impossibilité pour un seul de tout diriger et de veiller à tout, la société a dû se diviser;

les hommes se sont groupés séparément, avec des gouvernements distincts, sous le nom de *peuples* ou de *nations*, suivant leur origine, leurs convenances, leurs goûts, leurs penchants, leurs besoins, suivant les lieux et autres circonstances qu'il importe peu de déterminer en ce moment.

Quelle que soit cette division, le principe du gouvernement pour chaque société particulière ou chaque peuple reste le même, on le comprend.

Je continue. — Mon raisonnement est un peu aride, pour ainsi dire mathématique, mais, en l'abrégeant, cher ami, je le dégage de tout ornement afin de mieux préciser ma pensée.

Le gouvernement, donc, devant diriger les hommes ou le peuple à la tête duquel il est, il suit naturellement qu'il a le droit, le pouvoir de commander et qu'obéissance lui est due.

Ce droit de commander, qui constitue l'autorité, vient ainsi de Dieu (comme l'autorité paternelle du reste), alors que c'est par sa volonté que les hommes naissent pour être réunis et vivre en société, et que l'autorité est la condition nécessaire au maintien, à l'existence même de la société.

Oui, « l'autorité a pour auteur le même Être qui a créé la société, » l'une ne pouvant subsister sans l'autre, et qui obéit au souverain, au chef du pouvoir sur la terre, obéit vraiment à Dieu. Celui entre les mains de qui le pouvoir réside n'est jamais, en effet, que le ministre de Dieu, car Dieu, ayant exclusivement toute puissance, peut seul en remettre ou déléguer une part quelconque.

C'est en ce sens, cher ami, que vous avez entendu dire : la souveraineté, le pouvoir de droit divin.

Et cela, peu importe l'origine ou la forme du gouvernement, qu'il s'exerce par un seul ou avec le concours de plusieurs, qu'il demeure dans une même famille et se transmette de père en fils ou puisse passer indistinctement de l'un à l'autre.

Vous le savez, et le concevez sans difficulté, lorsque les hommes sont encore peu nombreux dans un pays, c'est le père de famille qui commande, c'est à lui que l'on obéit ; mais, quand les enfants et les familles se sont multipliés, on en choisit un pour veiller sur les intérêts généraux, à l'avantage de tous, d'ordinaire celui qui paraît le plus capable et le plus méritant ; quelquefois, aussi, on se soumet au plus puissant ou au conquérant... Quel que soit celui-là, c'est à lui que Dieu délègue son autorité, et, dès que le gouvernement est établi et fonctionne régulièrement, tous lui doivent obéissance. Dieu nous l'ordonne, par la voix de la raison, en nous montrant la nécessité de faire, chacun, le sacrifice de notre opinion et de notre intérêt propre à qui dirige la société, afin d'assurer à celle-ci le cours heureux et régulier de sa destinée.

Avec le passé, effectivement, nous connaissons assez

les maux que la révolte et la discorde causent dans le monde.

En retour, Dieu déléguant son autorité pour le bien commun, le dépositaire de cette autorité ne peut en user à son seul profit, au préjudice du peuple, à peine d'expier tôt ou tard sa faute.

Il en est qui contestent ce principe et affirment que l'autorité a sa source dans la volonté concertée des hommes eux-mêmes, et qu'il appartient aux peuples de la remettre ou de la transmettre à qui bon leur semble. Mais, je l'ai dit : n'est-ce pas de Dieu que vient tout pouvoir, lui, qui a tout créé? Les hommes ne sont-ils pas tous égaux? Quel est celui d'entre eux qui peut prétendre sur les autres un légitime empire?

Notez bien que ce sont surtout ceux qui parlent de cette égalité et la proclament avec énergie qui soutiennent d'autre part l'autorité de l'homme sur l'homme. Singulière inconséquence!

Si chaque individu, pris séparément, n'a pas la moindre parcelle d'autorité sur les autres (où la puiserait-il?), comment, tous réunis, en auront-ils davantage, et comment, n'ayant rien, peuvent-ils donner quelque chose?

Il me semble, mon bien cher, qu'il est difficile de sortir de là. Admettre que l'autorité résulte du nombre, c'est admettre que la force est le seul droit légitime, et par suite reconnaître le pouvoir aux méchants, parce que d'ordinaire il y a plus de mauvais que de bons, et que les mauvais sont toujours plus audacieux et plus violents.

Les hommes, donc, encore une fois, peuvent régler la forme du gouvernement, qui n'a rien de nécessaire ou d'essentiel relativement à l'existence de la société et à notre propre constitution ; mais non accorder une puissance qu'ils n'ont pas.

Quant à la liberté, nul ne conteste, je pense, que l'homme soit né libre, que cette liberté soit un droit inhérent à sa nature ; toutefois, il ne faut pas jouer sur les mots. L'homme est libre en ce sens « qu'il a le pouvoir de choisir ce qu'il veut et de faire ce qui lui plaît ; » mais, de ce qu'il a cette faculté, il ne s'ensuit pas qu'il puisse en user suivant son caprice et ses seules passions. Sa liberté, personne ne saurait le nier, doit être contenue dans de certaines limites ; elle doit s'arrêter devant le droit d'autrui. S'il n'en était ainsi, comment la société tiendrait-elle debout ? — Qui oserait avancer, par exemple, qu'en vertu de notre liberté nous pouvons prendre aux autres ce qui leur appartient, leur ôter même la vie ?

Aussi, peut-on dire avec raison que la vraie liberté de l'homme est de faire le bien et qu'il n'en a point d'autre.

Eh bien ! cette liberté n'est nullement incompatible avec l'autorité. Tout au contraire, elles se soutiennent réciproquement et doivent marcher ensemble comme deux sœurs étroitement unies.

L'autorité, par ses lois, ses commandements, qu'elle fait exécuter, protège la liberté contre ceux qui tendraient à l'opprimer, contre ceux qui ne s'inquiétant ni du juste, ni de l'injuste, seraient disposés à empiéter sur les droits des autres, et à s'opposer au bien que ces derniers voudraient. En un mot, l'autorité défend la liberté contre la licence, le déchaînement du mal.

De son côté, la liberté est la garantie de l'autorité, qui disparaît sans elle. — Si l'autorité prétend étouffer la liberté, elle devient tyrannie, despotisme; et, par ses violences, peut provoquer un soulèvement qui la renverse. Si, au contraire, elle laisse la licence déborder, elle fait place à l'anarchie, et succombe encore, elle-même, sous les coups des malfaiteurs qui l'écrasent.

Vous le voyez donc, cher ami, là où règne l'autorité la plus sage, vit en même temps la liberté la plus parfaite.

Maintenant, ferai-je, ici, la même remarque que plus haut à propos de l'autorité? Les plus exigeants, en matière de liberté, à leur égard, ne sont-ils pas les moins disposés à reconnaître ce droit en faveur d'autrui? Il n'y a pas de pires despotes; l'histoire nous l'enseigne.

Un dernier mot, pour en finir avec cette question, et réfuter une théorie qui a séduit beaucoup de gens, mais qui est on ne peut plus dangereuse.

Sous prétexte que la vérité et le bien ont des armes plus puissantes que l'erreur et le mal, et que la lutte doit les grandir et les fortifier, on a soutenu qu'il faut laisser, même à l'erreur et au mal, toute liberté de se produire au grand jour.

Aveugle qui ne voit pas les conséquences terribles de cette conduite! La nature humaine ne trouve-t-elle pas toujours plus d'attraits dans l'erreur et le mal que dans la vérité et le bien qui la contrarient? Et n'avons-nous pas vu que quand la liberté est donnée au mal, le résultat le plus certain, « c'est qu'en flattant toutes les mauvaises passions, il pervertit les esprits, et que le bien reste impuissant à contenir ses ravages? »

Je vous ai montré, cher ami, brièvement et *grosso modo*, ce que la raison me fait entrevoir sur cette double question de l'autorité et de la liberté, sur leur accord non seulement possible, mais nécessaire; si je me plais à penser que je ne suis pas loin de la vérité, c'est que j'ai entendu des hommes, des plus sensés, parler de même.

Pour vous prouver encore que l'autorité et la liberté ne sont point ennemies, tout en reconnaissant l'autorité que vous donnent, sur moi, votre science et votre sagesse, je prends la liberté de me dire toujours et toujours votre très affectionné.

XX.

Cher ami,

Quoique le projet en soit à peine arrêté, vous voulez bien, à raison de notre vieille amitié, me faire part, sans plus tarder, du mariage de votre fille aînée, J. avec E. O.

Merci de votre aimable attention! et recevez mes sincères félicitations.

Je vous félicite, non parce que c'est l'usage, mais parce que je crois vraiment qu'il serait difficile de trouver réunies, d'une manière plus complète, les conditions qui doivent, dans la mesure du possible, garantir le bonheur dans le mariage, au gré d'un père.

J. est le portrait vivant de sa pauvre mère, qui était un modèle entre toutes, et que j'ai toujours admirée;

c'est-à-dire qu'avec les charmes extérieurs, elle possède une haute intelligence et des qualités de cœur d'une délicatesse exquise.

D'une grande réserve naturelle (ce qui la distingue de bien des jeunes filles), avec un air digne n'ayant rien d'emprunté, affectueuse, bienveillante sans être étudiée, douce, pleine de prévenance pour les autres, laborieuse, ennemie de la coquetterie et, par-dessus tout, d'une grande piété sans affectation, elle a déjà montré à votre foyer, comment elle apprécie le rôle de la femme, et fait entrevoir qu'elle serait un jour la femme forte de l'Écriture, tout à son devoir, à son mari et à ses enfants.

E. O., d'après ce que j'ai pu en juger, lorsqu'il m'a été donné de le voir, et d'après tout ce que l'on m'en a dit, est également un jeune homme pour ainsi dire accompli. Fort intelligent, de bon ton, un peu froid de prime abord (dehors qui dénote un caractère sérieux et de la fixité dans les idées et les sentiments), il n'en a pas moins un cœur chaud et une âme ardente pour le bien. Pénétré d'un grand respect envers la religion et les nobles choses, il a toujours su conformer sa conduite à ses principes.

J. et lui sont donc faits pour s'entendre, s'aimer et comprendre la grandeur, la noblesse, la sainteté du mariage, partant, en goûter les joies, quelles que soient les difficultés qu'ils rencontrent dans la vie.

Si, aujourd'hui, il y a tant d'unions malheureuses, tant de tristesses, et de plaies dans les familles, c'est que le mariage est méconnu dans sa dignité et son but lui-même. Le plus souvent on n'en considère que le côté terrestre ; on en fait une question d'argent, négligeant celle des personnes, ou lorsqu'on y recherche une union intime, cette union on l'envisage au point de vue des plaisirs qu'elle pourra donner et des douceurs qu'elle doit procurer, mais non dans les obligations qu'elle impose en retour. On n'en regarde pas le côté élevé, sa dernière fin, la félicité éternelle à poursuivre en commun, et qui ne peut s'acquérir sans peine et sans travail.

Aussi, à la moindre épreuve qui traverse l'existence et trouble le rêve enfanté par l'imagination, on est pris de regret, comme si vraiment toutes choses, en ce monde, pouvaient et devaient s'arranger conformément à nos désirs, et se persuadant que le bonheur est ailleurs, on va l'y chercher, — en vain.

Aussi, après l'apaisement des premiers feux de la passion, qui, fort inconstante de sa nature, ne tarde pas à être rassasiée du même objet, quand aucune pensée sérieuse ne la règle, vient le dégoût, et, comme conséquence, on ne se fait aucun scrupule de courir à d'autres voluptés ; voluptés qui se présentent peut-être parfois, au début, sous une apparence honnête et pour ainsi dire chaste, mais qui dégénèrent inéluctablement et changent les douceurs espérées en un abîme de douleurs; car, ainsi que le dit si bien M. Paul Bernard, cet éminent magistrat, que vous connaissez, dans son beau livre sur l'*Autorité paternelle* : « Le cœur, enivré d'une exaltation passagère, pourra bien être transporté dans de pures régions, s'y maintenir par l'élévation des sentiments; mais un jour arrive où il faut compter avec la tyrannie des sens, et où l'imagination elle-même se fait complice des défaillances de nos facultés physiques. Alors, l'abîme des misères est entr'ouvert : la réprobation sociale, le scandale, les remords, le désespoir, le crime, tel est le triste cortège de ces amours d'abord chastes, puis déchus. »

Non, l'on n'a généralement guère plus conscience de la sainteté du mariage, et ses lois on les viole plus ou moins, sans rougir. On estime si peu sa dignité que, sans se soucier de son origine et de sa nature, nos législateurs ont décrété le droit, pour les époux, de rompre toute union légitime et d'en contracter une nouvelle, ne craignant pas de favoriser ainsi le désordre moral.

Terrible principe de désorganisation pour la famille et la société que cette profanation du mariage, l'oubli de son caractère sacré, l'indifférence touchant les obligations qui en découlent! — De là vient l'affaiblissement du respect des parents et de l'autorité paternelle; de là, la négligence des devoirs des parents eux-mêmes envers leurs enfants; de là, ces éducations délaissées, livrées au hasard, et dont le résultat est aussi l'inconduite des enfants; de là, les dissensions, les querelles, les haines, le meurtre même... Douloureux tableau en vérité!

Que l'harmonie puisse être absolue, l'accord toujours parfait entre époux, qu'il puisse ne jamais y avoir de divergences dans leurs sentiments réciproques, et que la chaîne qui les lie ne se fasse nullement sentir en aucun temps, je ne le prétendrai pas, cher ami; je ne le dirai pas, parce que je sais que toute créature a ses imperfections et ses défauts, que sentent d'autant mieux et dont sont d'autant plus touchés ceux qui l'approchent de plus près. Mais, le plus souvent, bien des sujets de peine pourraient être évités par une condescendance mutuelle, par moins d'égoïsme; bien souvent, le malheur des époux naît de leur faute et de leur imprudence.

D'autre part, pour le redire, s'ils n'arrêtaient pas leurs regards sur cette terre, s'ils les portaient plus haut; s'ils ne recherchaient pas exclusivement les satisfactions du temps présent, s'ils songeaient à la destinée à venir, tout en acceptant avec plus de patience les misères attachées à la condition humaine, ils trouveraient la vie commune moins pénible, plus supportable et en apprécieraient mieux le charme avec les avantages.

Instruits par les exemples qu'ils ont eus sous les

yeux, vos futurs époux connaissent, eux, la grandeur et la noblesse du mariage ainsi que ses devoirs; ils savent que c'est Dieu lui-même qui l'a institué, en donnant à l'homme, qui venait d'être créé, une compagne formée de sa même substance, pour qu'elle partageât sa destinée et que, unis, ceux-ci pussent enfanter de nouveaux êtres semblables à eux, et, comme eux, appelés à la même fin surnaturelle; ils savent que si de tout temps, chez tous les peuples, on lui a reconnu quelque chose de divin, chaque religion le consacrant à sa manière, pour nous, chrétiens, Jésus-Christ, notre Maître, en a fait un sacrement et un grand sacrement; ils savent que le mariage, les complétant en quelque sorte l'un l'autre, par le rapprochement de leurs qualités et de leurs aptitudes diverses, ils ne doivent plus faire qu'un, suivant cette forte expression de la Bible : « Ils ne seront tous deux qu'une seule et même chair. »

Ils connaissent combien veut être profonde cette union de corps, d'âme, d'esprit et de biens, où ils sont appelés à confondre leur double existence en une seule; cette union de deux êtres qui devraient n'avoir plus, pour ainsi dire, que de mêmes pensées, de mêmes désirs, de mêmes aspirations de bonheur et de bonheur éternel, ou n'éprouver que de mêmes sentiments de sympathie et de douleur; union faisant du bien de l'un, le bien, la joie et l'honneur de l'autre, du crime de l'un, le crime et la honte de l'autre.

Ils savent la fidélité qu'elle exige, une fidélité constante, absolue, que rien n'ébranle et qui ne cherche point à se dégager, plus ou moins, en invoquant une certaine liberté naturelle ; fidélité devant avoir pour compagnes une confiance et une affection réciproques, pour conséquence, une mutuelle et patiente assistance.

Ils ont appris que le mariage ne saurait être une affaire d'écus ou la satisfaction d'un caprice, laissant à chaque époux le droit de porter son cœur (?) où bon lui semble, ou de le reprendre quand le désir est calmé, pour le reporter ailleurs, sauf à le reprendre encore s'il le faut; que la mort seule peut briser leur lien et que, ne s'appartenant plus, ni l'un ni l'autre, ils ne sauraient se donner de nouveau, tant que ce lien subsistera.

Ils savent que, par leur union, parachevant en quelque façon l'œuvre du Créateur, ils n'ont plus à y ajouter, ni à la refaire, se seraient-ils trompés dans leurs prévisions et leur dessein, et que leur vie et leurs efforts doivent tendre à former les jeunes âmes que le ciel leur enverra.

Ils savent enfin qu'à tout prendre encore, ici-bas, le bonheur, le bonheur vrai, durable, certain et incomparablement supérieur à une ivresse passagère, est, au milieu même des plus grandes déceptions et de la plus cruelle adversité, dans le devoir accompli, le calme de la conscience.

Vos enfants savent tout cela, cher ami, surtout par ce qu'ils ont vu autour d'eux; aussi, sont-ils plus assurés de jouir de la paix, et de savourer les douceurs d'une vie commune étroite, où les joies se doublent du plaisir d'être ressenties, et les peines s'allègent en se partageant, et où le cœur, parfois meurtri aux luttes de ce monde, trouve comme un baume dans une parole amie. C'est pourquoi je vous félicite et les félicite, demandant pour eux au ciel, du plus profond de mon cœur, toutes les bénédictions qu'ils méritent, et, pour vous, que leur bonheur fasse également longtemps le vôtre!

Soyez assez bon, je vous prie, pour leur transmettre mes sentiments et mes souhaits, en attendant que j'aille, moi-même, leur en renouveler l'expression, et croyez-moi toujours votre plus dévoué.

XXI.

Quel drame navrant, cher ami !

Vous avez été, en l'apprenant, ému autant que moi, j'en suis convaincu, connaissant aussi cette malheureuse famille H., au milieu de laquelle il s'est déroulé. Qui, du reste, ne s'apitoierait sur un père et une mère dans une situation pareille : obligés de se défendre contre un misérable, et d'accuser leur propre enfant ?

Ce qui ajoute encore, si cela est possible, à l'horreur de la chose, c'est l'âge du coupable. A quinze ans, vouloir tuer son père, parce qu'il ne satisfait pas à tous vos caprices, cela ne dépasse-t-il pas l'imagination ?

Néanmoins, dans son malheur, la famille n'a-t-elle rien à se reprocher ?

Bien que je n'eusse pas de relations très suivies avec H., surtout depuis que nos carrières nous tenaient éloignés l'un de l'autre, j'ai vu quelquefois son intérieur et, je vous l'atteste, j'ai assisté à plus d'un spectacle fort triste : Le père et la mère n'avaient aucune autorité. Les enfants, véritables despotes, faisaient toutes leurs volontés. Sous prétexte de tendresse, on ne leur adressait aucune remontrance; on riait de leurs défauts que l'on appelait gentillesses, espiègleries. Le père, visant à peu près exclusivement à grossir sa fortune pour laisser un plus riche héritage, n'avait nul souci de leur éducation morale; la mère, légère et frivole, image de Madame Benoîton, plus souvent dehors que chez elle, les abandonnait à la seule surveillance des domestiques. Aussi, ni respect, ni obéissance de la part des enfants, libre carrière à leurs défauts qui ne pouvaient, avec les années, que devenir des vices incorrigibles.

Aujourd'hui, les parents doivent être désolés de n'avoir pas déployé plus de vigilance, de sollicitude et de fermeté. Vains regrets! il est trop tard.

Se rendent-ils bien compte, cependant, que leur négligence est la principale, sinon l'unique cause de leur infortune? C'est encore douteux; car ils n'ont fait que suivre le courant du siècle et se conformer aux mœurs d'un grand nombre.

De notre temps, en effet, la plupart des parents se préoccupent bien de faire donner à leurs enfants une certaine instruction et de leur assurer une vie facile; ils s'inquiètent de leur avenir dans le monde et s'efforcent de leur procurer, avec de la fortune, une carrière brillante, se réjouissant si le succès couronne leur attente; mais c'est à peu près tout. Ils ne voient pas au delà et ne songent point qu'ils ont à former d'abord ces mêmes enfants, aux grandes vertus nécessaires pour parvenir à la fin suprême. Combien qui, dans les classes élevées, abandonnent la première éducation, la plus importante, à des mercenaires! Combien qui, pressés de courir à leurs plaisirs, laissent la garde et la direction de leurs enfants, au début de la vie, à des domestiques n'ayant en général, lorsqu'ils ne sont pas vicieux, aucune délicatesse de manières, de langage et de sentiments. Cependant, cher ami, l'expérience est là pour montrer à quels dangers peut exposer une pareille insouciance; les annales judiciaires témoignent à quels malheurs entraîne l'indifférence sur ce point! Inutile de vous rappeler, à cet égard, des faits qui, naguère encore, ont eu un douloureux retentissement; et, que d'autres qui demeurent cachés!

Il y a mieux. Faut-il l'ajouter? Ne voit-on pas des pères et des mères fermer les yeux devant certaines fautes graves de leurs enfants, devenus grands, ou les encourager, en quelque sorte, en les excusant trop facilement, sous prétexte d'indulgence et de bonté?

S'ils ne les approuvent entièrement, quand ils veulent voir, ils cherchent mille raisons plus ou moins plausibles pour les atténuer, se rejetant, au besoin, sur les exigences de la nature, qui ne saurait être légitimement contrariée.

— Tendresse mal éclairée, et funeste aussi bien aux enfants qu'aux parents; car elle a pour conséquence inévitable, en même temps que la démoralisation des premiers, l'affaiblissement du respect filial. Si effectivement l'autorité commande le respect, le respect ne se soutient que par la pensée des qualités et des vertus de celui à qui il est dû. Or, quand un enfant trouve ses parents pleins de condescendance pour ses fautes, il est porté à soupçonner en eux ses propres défauts, et avec son estime diminue son respect. Plus d'un même en arrivent à ne regarder leur père et leur mère que comme des camarades complices de leurs écarts.

L'autorité! on oublie souvent ce qu'elle est; on oublie que Dieu en a fait, entre les mains du père, la sauvegarde de la famille, et, par suite, de la société. On ne se dit pas que la famille, étant l'œuvre du Créateur, celui-ci a dû nécessairement, pour rendre son existence durable, la former avec ce lien qui unit les parents aux enfants et les enfants aux parents, en donnant aux parents, corrélativement à leurs obligations, le droit et le pouvoir de conduire, d'instruire, de diriger et de corriger, s'il le faut, les enfants, et en maintenant ces derniers dans l'obéissance, la soumission, un respectueux attachement et les sentiments d'une juste reconnaissance pour tous les soins dépensés et les sacrifices faits. On ne s'arrête pas aux devoirs qu'impose cette autorité, et on la laisse s'affaiblir, soit par excès de sentimentalité, soit parce que le devoir pèse trop. On la laisse tomber, bien que jamais on n'ait songé à la contester en principe, et que (cela prouve sa légitimité) tous les peuples l'aient sanctionnée dans des limites plus ou moins étendues.

Maintenant, je conviens, cher ami, que le métier de père est un rude métier, car, qui veut l'exercer en conscience ne s'appartient plus. Ne doit-il pas tout son temps, tout son travail, toutes ses pensées, toutes ses sueurs à ses enfants, pour leur donner ce que réclament et la vie du corps et la vie de l'âme ? Ne leur doit-il pas ses conseils, ses exemples, son honneur même ? La mère tout autant.

Un poète de nos jours l'a dit :

« Nous n'existons vraiment que par ces petits êtres
« Qui dans tout notre cœur s'établissent en maîtres,
« Qui prennent notre vie et ne s'en doutent pas
« Et n'ont qu'à vivre heureux pour n'être pas ingrats. »

Par suite, en considérant combien l'homme est imparfait, sujet à l'erreur et souvent entraîné par la passion, je conçois qu'il lui soit difficile de remplir, sans aucune défaillance, les charges de la paternité, et qu'il puisse pécher tantôt par faiblesse, tantôt par excès de rigueur. Mais celui qui est pénétré de la mission que Dieu lui a confiée, qui n'a pas perdu de vue le but véritable de la vie et sait à quelle fin, lui et les siens sont appelés, celui-là trouvera encore, dans son amour même de père, assez de courage pour surmonter sa faiblesse ou vaincre un penchant qui le porterait à mésuser de son autorité, surtout s'il est secondé par une compagne digne de lui, digne du nom de mère.

Je ne vous dirai pas, cher ami, que j'ai rarement vu l'autorité paternelle, avec ses grands et nobles devoirs, aussi bien comprise que par vous; une sollicitude si constante, unie à tant de prudence et de sagesse, tant de fermeté et de douceur. Je ne vous le dirai pas, parce que vous me reprocheriez d'être un flatteur, ce que je ne veux pas; mais je ne le penserai pas moins. Nul, d'ailleurs, n'a peut-être été soutenu avec autant de dévouement, d'intelligence, de loyauté et de cœur; ceci ne diminuant en rien votre mérite, car vous m'en avez fait bien des fois la confidence.

Aussi quels résultats avez-vous obtenus! Vous avez lieu d'en être fier.

Plût au ciel que ces malheureux H. eussent pu se former à votre école! Ils ne seraient pas dans les larmes et n'auraient pas à déplorer d'avoir donné le jour à un monstre.

Quant à moi, je ne demanderais qu'à vous suivre, même de loin.

Si, à ce point de vue et à mon vif regret, la distance qui nous sépare est grande, croyez bien que le lien qui m'attache à vous n'en est pas moins solide. C'est votre vieil ami qui vous l'affirme en vous serrant très affectueusement la main.

XXII.

Cher ami,

Tout en admirant l'illustre savant dont Paris vient de célébrer le centenaire avec éclat, vous n'approuvez pas sans réserves cette fête même, qui vous a paru trop tapageuse pour répondre véritablement aux sentiments qui ont dû l'inspirer. Ces nombreux discours, ces banquets, ces parades militaires, ces représentations diverses, ces promenades aux flambeaux..., tout cela vous a semblé beaucoup plus une exhibition publique, que l'expression sincère d'un vrai patriotisme et le témoignage certain d'une vénération profonde pour un homme qui a honoré et honore son pays.

C'est à peu près là, cher ami, ce que je pense de mon côté. Les manifestations bruyantes ne m'ont jamais bien touché; les cris, les bravos m'ont souvent laissé indifférent alors que je me sentais plein d'enthousiasme; les chants patriotiques n'ont trouvé qu'un faible écho en moi, bien que je fusse remué au fond de l'âme.

Est-ce effet de tempérament? Je ne sais; mais je crois que les sentiments vrais et profonds sont plus contenus : — la joie intime dont la douceur vous inonde est calme; — la douleur qui vous brise et vous terrasse, comme la foudre renverse un arbre, est silencieuse et morne, après les premiers cris subitement arrachés par la violence du coup imprévu; et celui dont le cœur déchiré saigne peut pleurer, mais il ne se complaît pas en de longues et indiscrètes plaintes; — l'admiration sérieuse est grave...

D'autre part, ce qui se produit avec bruit et vivacité dure peu d'ordinaire. N'en est-il pas ainsi, par exemple, pour la colère? Une colère froide n'est-elle pas plus haineuse et plus durable qu'une colère pétulante, promptement évanouie?

Je ne veux pas dire par là, cher ami, que nos plus grands et plus vifs sentiments, la douleur, l'admiration, l'enthousiasme, le patriotisme... ne doivent pas et ne peuvent pas se manifester. Non; ce serait contraire à notre nature, et souvent, malgré nous, notre âme, toute pleine de ce qu'elle ressent, laisse déborder son contenu; mais, encore une fois, plus le cœur est saisi, moins il s'exhale avec fracas et ostentation.

Quant au patriotisme, du reste, puisque nous en parlons, il en est peu qui en soient dépourvus, tant il est naturel, tant nous avons tous, plus ou moins, gravé en nous ce sentiment qui lie non seulement l'homme à l'homme, mais l'homme au sol, nous fait aimer notre pays de préférence à tout autre, serait-il moins riche et moins beau, et nous attache aux lieux où nous sommes nés, où nous avons passé notre enfance et où reposent nos parents; ce sentiment qui nous rend heureux lorsqu'au loin, sur une terre étrangère, nous rencontrons un compatriote, auparavant inconnu, et que peut-être nous n'aurions pas regardé dans la mère patrie; sentiment intime, inexplicable comme l'amour, qui nous fait affronter la mort pour défendre l'intégrité de notre pays ou assurer son honneur et sa gloire, et nous rend fiers du nom que nous tenons de notre origine; sentiment qui fait oublier les intérêts les plus chers, la famille même, quand le salut de la patrie l'exige.

Oui, l'homme est généralement doué de patriotisme, et les âmes qui le méconnaissent sont rares. Mais chez les uns il est plus intense, plus absorbant, plus général quoique moins expansif, chez d'autres plus bruyant, plus loquace, plus exclusif et parfois plus superficiel.

Ainsi, vous avez dû le remarquer, aux yeux de certains, de beaucoup même, prendre l'épée ou le mousquet est à peu près la seule expression sérieuse du patriotisme; tout ce qui est fait en dehors n'est rien, ne compte pour ainsi dire pas. D'autres, au contraire, estiment que l'on peut aussi servir utilement et efficacement sa patrie de toute manière : par son intelligence, son savoir, son labeur; en travaillant à l'instruire; en la dotant de précieuses découvertes, comme l'ont fait, pour la France, Claude Bernard et MM. Chevreul et Pasteur notamment; en l'enrichissant par son industrie, lui donnant de sages lois, ou s'efforçant de maintenir dans son sein la paix et la justice...

Vous êtes de ces derniers, cher ami, et je ne vous donnerai pas tort.

A raison des liens qui unissent les hommes entre eux, nous sommes tous plus ou moins solidaires et, en conséquence de cette dépendance universelle, il n'est peut-être pas un de nos actes dont l'influence ne se fasse sentir pour le bien ou le mal des autres. Vous le savez et vous jugez que, s'il en est ainsi d'une manière générale, *à fortiori* cela doit-être lorsque cette chaîne de rapports et de services mutuels est plus resserrée, comme elle l'est entre ceux que la nature a le plus rapprochés, qui habitent le même sol et vivent sous une même règle.

Partant, tout le bien que l'un de nous fait profite à la patrie, et celui-là sert le mieux sa patrie qui fait le plus de bien.

Tel est, pour vous, le vrai patriotisme, formé aussi de respect et d'obéissance envers l'autorité et la loi, ce respect et cette obéissance étant la condition première de l'ordre que réclame l'intérêt même de la patrie; patriotisme qui impose également, en retour, aux ministres du pouvoir, de n'user de ce pouvoir qu'avec justice et pour le plus grand avantage du pays qu'ils gouvernent.

C'est ce que vous montre clairement votre raison si droite, où sont imprimés ces grands principes auxquels le monde est soumis, dont nous avons parlé plus d'une fois déjà, et que résume admirablement en quelques lignes, avec toutes nos obligations envers Dieu et nous-mêmes, le code divin, le Décalogue, comme je vous le faisais observer un jour.

Vous connaissez les prescriptions de ce code, et je n'ai pas à vous les rappeler; mais dites-moi si, en effet, il est possible de trouver rien de plus précis, de plus complet, de plus exact sur l'ensemble de nos divers droits et devoirs réciproques que ces préceptes :

« Honore ton père et ta mère, afin que tu vives longtemps.

« Tu ne déroberas point.

« Tu ne porteras pas de faux témoignage contre ton prochain.

« Tu ne convoiteras point sa maison, ni sa femme, ni son serviteur, ni sa servante, ni aucune des choses qui lui appartiennent... »

Tout n'y est-il pas expressément ou implicitement renfermé? Et les lois humaines atteindront-elles jamais une pareille perfection? Pourront-elles jamais soumettre les peuples d'une manière aussi absolue que cette loi suprême qui, faisant sentir sa puissance et son autorité jusqu'au fond de l'âme, interdit non seulement l'acte coupable, mais condamne toute pensée mauvaise, proscrit jusqu'à une injuste convoitise?

Dites-moi si l'observance régulière et scrupuleuse de ces maximes, de la part de tous, ne serait pas dès ici-bas la paix, le bonheur?

Quel beau rêve! S'il pouvait se réaliser!

Sous le charme de cette riante pensée, cher ami, et avec la douce espérance de vous revoir sous peu, ainsi qu'il est convenu, je ne vous dis pas adieu, mais à bientôt. Votre plus affectionné.

TABLE DES MATIÈRES

www.ingramcontent.com/pod-product-compliance
Ingram Content Group UK Ltd.
Pitfield, Milton Keynes, MK11 3LW, UK
UKHW022217120726
13694UKWH00002B/591